KB090198

가치를 디자인하라

상상을 현실로 만드는 가치의 힘

value

가치를 디자인하라

김진택 지음

design

한국경제신문

이제 우리 가치를 디자인할까요?

4차 산업혁명을 이끌 새로운 동력

인류 지성의 오랜 진화 방식

지금은 좀 덜합니다만, '창조'나 '융합'이라는 말이 들어가지 않으면 큰일이라도 나는 양 한때 온 나라가 법석이었죠. 특히 나랏일과 관련된 각종 문서나 사업에서는 정말 열심히 사용했습니다. 좋은 말도 삼세번이라고, 온갖 곳에서 너무나 자주 접하다 보니 언어 공해처럼 느껴질 정도였습니다. 그래선지 창조나 융합이라는 말을 쓰는 것이 조금 부담스럽기까지 하군요.

하지만 유행의 최첨단에 있건 한물가서 거들떠보지도 않게 되건, 이 두 단어가 가지고 있는 의미와 가치는 강조될 수밖에 없습니다. 인류는 언제나 창조와 융합 속에 진화해왔고 앞으로도 그럴 테니까요. 창조와 융합은 사물과 존재들의 관계망 구조이자 이것을 새롭게 짜는 일을 의미합니다. 인류가 창조와 융합 속에 진화했다는 것은 곧 끊임없이 창조되는 지식을 서로 융합하려는 네트워크 운동이 계속되었다는 얘기입니다.

우연히 도구를 갖게 된 순간부터 도구는 인간과 사물의 관계를 새롭게 통역해주고 접속하게 해주지 않았던가요? 돌을 사용해 단단한 열매를 깨뜨려 먹을 수 있게 된 순간, 그 돌은 지금까지 서로 상관없는 존재와 사물이었던 인간과 열매에 포식과 피식이라는 관계를 만들어줬습니다. 돌이라는 도구가 매체가 되어 통역을 한 것이죠. 의자도 그런 측면에서 이야기할 수 있습니다. 의자는 우리가 앉아 쉬면서 몸의 피로를 풀게 해주지요. 인간과 의자가 관계를 맺고 있다는 뜻입니다. 의자가 등장하기 전에는 어땠을까요? 아마도 바위나 넓은 그루터기 등 걸터앉을 만한 자연의 사물을 이용했을 겁니다. 사냥에 지친 몸을 이끌고 바위에 앉아 땀을 식히는 원시 시대 선조의 모습을 한번 상상해보세요. 그런데 의자가 생겨남으로써 휴식을 취할 수 있는 공간이 크게 확장되었습니다. 쉼의 의미가 숲이 아닌 다른 공간에서도 작동하게 됐음을 뜻합니다. 이처럼 새로운 사물의 등장이 이전 관계망을 확장해주기도 하지요.

이것이 창조와 융합의 운동입니다. 다양하고 이질적인 지식과 상상의 세계를 자유롭게 넘나들며 접속하는 모든 일을 가리킵니다. 끝없이 서로를 들여다보며 번역해주는 즐거운 사유 양태라 할 수 있죠.

공자는 여러 나라를 오가며 왕들을 만나 도와 예를 논한 당대 석학
이지요. 우리는 그를 인문학적 지식의 범위 안에서 유학의 체계를
완성한 철학자로만 평가해왔습니다. 그런데 조금만 더 생각해보면,
그가 단순한 철학자나 사상가를 넘어 당시 각국 지도자의 리더십을
컨설팅해주던 창조적 융합 지식인이었음을 알 수 있습니다. 정치 ·
경제 · 외교 · 국방 · 조세 · 복지 · 행정 등의 다양하고도 이질적인
지식을 엮고 통섭하여 유학의 지적 세계를 구축했고, 그것을 정치
지도자들에게 군자의 길로서 제시한 거죠.

공자보다 200여 년 후에 활동했던 그리스의 철학자들 역시 비슷했
습니다. 아리스토텔레스를 비롯한 많은 철학자는 지식과 지식을 결
합하여 새로운 관계망을 형성하게 하고, 그것을 융합의 장으로 풀
어냈습니다. 그들은 논리학과 형이상학 같은 인문학적 사유를 훈련
한 것 외에도 동물학, 생물학, 수학, 물리학에 이르기까지 광범위한
영역에 걸쳐 적극적으로 탐구했습니다. 르네상스 시기 활약했던 레
오나르도 다빈치의 경우는 언급할 필요도 없겠죠. 그가 조각가일
뿐만 아니라 화가이자 발명가, 해부학자, 천문학자, 음악가였다는
사실은 널리 알려져 있지요. 인류사에서 이런 역할을 한 사람들을
열거하자면 끝이 없을 것입니다. 우리나라만 보더라도 세종대왕,
이순신, 정약용 등 수많은 위인이 있지 않습니까? 그들이 생전에 보
여준 눈부신 지적 활동은 동시대 사람들의 삶을 개선해주었을 뿐

아니라 인류의 자산으로서 오늘날 우리에게도 큰 도움이 되고 있습니다.

지식과 상상력이 '무슨무슨 학' 이라는 이름으로 특정 분야에 한정된 것은 그리 오래된 일이 아닙니다. 앞서 예로 든 다빈치를 다시 한번 이야기하자면, 그에게는 천체를 관찰하는 일과 인체를 관찰하는일, 그리고 그것을 그림이나 조각, 음악으로 표현하는 일이 서로 매끄럽게 연결되어 있었습니다. 지식이 창조와 융합을 근간으로 자연스럽게 창출됐다는 뜻이지요. 그러다가 전문화와 효율화라는 명분하에 지식이 각자 울타리에 갇히게 됩니다. 관료주의가 득세하고 이분법적 세계관이 등장하는 17~18세기부터라고 할 수 있는데요, 따라서 지식의 분절화는 길게 봐도 400여 년밖에 되지 않은 겁니다.
관료주의, 많이 들어본 용어일 겁니다. 이 용어를 통해 지성과 세계관이 어떻게 변했는지 한번 살펴볼까요? 관료제를 뜻하는 '뷰로크라티즘 Bureaucratism' 은 뷰로 Bureau, 즉 책상이라는 단어에서 유래했습니다. '책상주의' 라고 할 수 있죠. 산업화와 함께 사람들이 도시로 몰려들자, 밀집 형태로 바뀌어가는 사회를 효율적으로 관리하고 통제할 필요성이 대두되었습니다. 빨리 성과를 내기 위해 각자 책상에 주어진 일을 즉시즉시 처리하는 시스템이 점차 자리를 잡게 됩니다. 그게 유리하다고 본 것이고, 실제로도 그랬을 겁니다. 한 사람이 넓은 스펙트럼의 지식과 깊은 성찰을 바로바로 현실에 적용하고 풀어내기에는 버거울 수밖에 없고 대응 속도 또한 늦기 때문입니다. 거기에 합리적 세계관을 자처하는 근대 과학적 사고가 효율성과 속도를 강조하면서 관료제가 더욱 강화되었습니다. 사람들은 자신의 책상 위에 올라오는 일만 처리하는, 자신의 책상 위에 있는 것만 공부하면 되는, 자신의 책상 위만 주목할 뿐 남의 책상은 전혀 신경 쓸 필요가 없는, 더 나아가 다른 사람의 책상 위를 들여다보거나 간섭하는 행위는 마치 큰 잘못이거나 불필요한 일처럼 여겨지는 시간을 살게 됐습니다.

물론 관료주의가 가져다준 효과도 있었습니다. 생산성이 높아졌고 경제가 이전과 비교할 수 없는 속도로 성장했죠. 하지만 이제는 한계에 도달한 듯합니다. 세상이 급변하고 있습니다. 유례없이 다양하고 복잡해진 이 세계를 관료주의의 패러다임으로 끌고 가기에는 힘이 부칠 수밖에 없습니다. 그래서 현대인들은 다시 한 번 곰곰이 생각하게 됩니다. 잠시 잊고 있었던 창조와 융합의 패턴으로 사유하고 궁리하는 것이 필요하지 않을까 하고 말입니다. 그 결과 현재는 인문학과 과학 사이에 놓여 있던 경계를 느슨하게 하면서 지식을 융합하려는 작업이 활발해지고 있습니다. 다양한 분야에서 새로운 가치를 창조하는 작업도 이뤄지고 있고요.

먼저 교육 부문에서 의미 있는 변화와 혁신이 나타나고 있습니다. 지식의 경계를 나타내던 학제 간 벽을 허무는 노력이 미국과 유럽의 대학에서 시작돼 점차 일반화되어가고 있습니다. 혁신적 연구 성과로 주목받는 미국 MIT가 대표적입니다. 이 대학의 저력은 오래

전부터 시도해온 공학적 지식과 인문 사회적 성찰의 유연한 접속, 열린 자세의 협력과 융합에 기초한 연구 시스템에서 나왔습니다. 프랑스의 ENSCI나 카네기멜론대학교 역시 빼놓을 수 없는 예입니다. 이 대학들이 수행한 융합 연구와 교육에 근거한 차별화 전략, 창의적 교육 프로그램 등도 점차 확산되고 있습니다. 핀란드는 2010년부터 헬싱키 예술대, 경제경영대, 공대를 통합해 알토대학교를 세웠습니다. 여기서 '세웠다'라는 건 새로운 건물을 지었다는 것이 아니라 과감하고도 공격적인 다학제적 교육 시스템을 수립했다는 의미입니다. 이에 비해 우리나라 대학에서는 근본적인 고민 없이 인기 없는 학과를 통폐합하는 방식으로 형식적 통합만 이뤄지고 있어 안타깝기 그지없습니다.

교육 시스템의 혁신과 함께 교육 현장의 지식 생산 패러다임도 변하고 있습니다. 기존 교육 시스템은 지식을 일방적으로 전수하고 그것을 반복 학습해 주어진 임무를 수행하도록 설계되었죠. 하지만 이제는 학생들이 문제를 발견하도록 유도하고, 그것을 해결하는 과정에서 자연스럽게 능동적인 학습이 이뤄지도록 하고 있습니다. 이를 '프로젝트 기반 교육 프로그램'이라 하는데 지식 탐구에서 융합, 생산, 순환, 공유의 과정을 거치는 방식입니다. 예컨대 스탠퍼드 디스쿨Stanford D.School 같은 교육기관에서는 프로젝트 기반 교육을 실험하면서 '디자인 싱킹Design Thinking'이라는 교육 콘셉트를 발전시켰습니다. 사람들이 생활에서 겪는 불편함을 발견하여 새로운 관점에서 해결책을 모색하는 프로그램으로, 프로토타입prototype(시제품 제작)까지 이어지도록 유도하죠. 창의적인 문제 해결 방법은 피동적이고 수동적이던 학생들에게 다시금 능동적인 태도와 초롱초롱 빛나는 눈동자를 선사하고 있습니다.

지금 제가 몸담고 있는 포스텍 창의IT융합공학과도 이 길을 걸어가고 있습니다. 앞에 소개한 몇몇 교육기관보다는 조금 늦게 시작했지만, 어느 곳에서도 찾아볼 수 없는 혁신적이고 창조적인 융합 교육 프로그램을 실천해오고 있습니다. 처음 시도하는 모험이기에 때로는 좌절하고 때로는 방황했지만 성장통을 겪으며 성장하고 있는 학생들을 보면서 6년 동안 걸어온 이 길이 맞는 길이었다고 생각하고 있습니다.

이처럼 인류는 지금 잠시 올라섰던 길에서 발길을 돌려 그 전에 걸었던 길로 다시 들어서는 지성의 네오 르네상스에 접어들었다고 생각됩니다. 이 지성 창출의 길에서는 자연스럽게 새로운 지식이 창출되고 그것이 구체적 현실과 만나며 의미를 획득하기에, 굳이 창조니 융합이니 하는 구호를 외칠 필요도 없습니다. 그저 인류가 애초부터 해왔던 방식으로 지성과 가치를 창출하고 실천하는 것이니까요.

지성의 네오 르네상스와 4차 산업혁명

지성의 네오 르네상스가 활발하게 이뤄지는 동안 우리는 중요한 변혁의 환경을 만나게 됐습니다. 바로 4차 산업혁명입니다. 아직까지는 실체 없는 이미지만 요란하게 앞서나가는 형국이기에 차분한 접근과 성찰이 필요합니다.

사실 우리는 '4차 산업혁명'이라는 말을 이렇게 공식적으로 사용하기 전에도 빅데이터니 사물인터넷이니 인공지능이니 하면서 당장 천지가 개벽이라도 할 것처럼 흥분했었죠. 그런데 인류의 지성 창출 패턴인 창조와 융합을 생각하면서 이들 주제를 개별적으로 생각한다는 것은 모순이죠. 그럼에도 각각의 주제는 미래의 이런 저런 청사진을 제시하면서 새로운 시대를 선점하고자 했습니다. 그러다가 이 모든 것을 한꺼번에 묶을 수 있는 용어, '4차 산업혁명'이 등장했고, 이것으로 정리되었습니다. 모든 주제가 4차 산업 혁명의 하위 주제가 된 것이죠. 4차 산업혁명은 지금까지의 ICTInformation and Communication Technology, 즉 정보소통기술이 산업 전반 그리고 우리의 일상적 삶에 광폭적으로 영향을 미치는 혁명적 환경을 말합니다. 지성적으로는 새로운 지식의 창출과 생산이 일반화되는 사회구조를 전제로 해야 하고, 산업과 사회 측면에서는 지금까지 경험하지 못한 정교화 · 효율화 · 지능화 · 융합화의 상황을 고민해야 합니다.

즉 산업 간의 경계가 허물어지고, 데이터가 공유되며, 생산과 소비의 간격이 허물어질 것입니다 또한 새로운 융복합 기술들이 실제로 적용되고, 전에 볼 수 없었던 비즈니스 모델들이 생겨날 거고요. 이런 과정은 관료주의하의 사회가 생산할 수 없었던 전 인류적 가치들을 만들어낼 것입니다. 인류에게 익숙한 개념인 대량 생산과 대량 소비가 앞으로는 개개인의 삶에 근거한 맞춤형 생산, 맞춤형 소비로 변할 것이고, 여기에 빅데이터와 인공지능 등의 기술이 우리 삶 구석구석 밀접히 연관될 것이기 때문에 우리는 기술을 어떻게 대해야 하며, 그들과 어떻게 공존하고 진화해가야 할지를 부지런히 고민해야 합니다.

그 고민을 풀어가기 위해 우리는 어디서부터 지적 훈련을 시작해야 할까요? 필연적으로 새로운 가치에 대한 성찰과 고민이 필요하지 않을까요?

가치 디자인의 시대를 맞으며

가장 우선해야 하는 것은 편견 없고 확장된 시각으로 이와 같은 상황을 이해하고 다가서는 일입니다. 경쾌하면서도 복잡하고, 심오하면서도 유머가 넘치며, 긴밀히 연결됨으로써 다양한 분야에서 잠재성을 열어주는 콘텐츠들을 열린 마음으로 받아들여야 한다는 것이죠. 철학적 주제와 개념을 튼튼히 만들고, 이를 통해 구체적 현실에 접근하고 해석하는 일이 학제적 순서일지 모릅니다. 하지만 현실은 꼭 그 순서를 요구하지는 않는 듯합니다. 철학과 미학을 전공한 저 역시 학제적 접근에 더 익숙하지만, 현재의 큰 흐름에서는 더 유연한 태도가 필요합니다. 지금 우리에게 절실한 것은 현 상황을 적절한 거리에서 지켜보면서도 미래의 비전을 공유할 수 있는 지성적 성찰과 융합적 상상력이니까요.

인문학과 기술은 인간과 세계를 통찰하는 지성적 운동입니다. 이들이 만나 창조적인 작업을 수행할 수 있다면 그것은 건강하고 의미 있는 가치를 실현하는 일로 수렴되어야 합니다. 테크놀로지의 어원인 그리스어 '테크네Techne'는 서로 다른 이런저런 것들을 꼬아 무언가를 만들어내는 행위를 뜻합니다. 단순히 공학적 지식과 세계관을 말하는 것이 아니라, 이질적인 것을 함께 만나게 해서 창조적인 일을 실현하고 새로운 가치를 생성시키는 행위이기에 창조와 융합이라는 지성적 본질이 함축되어 있는 것이죠. 새로운 기술적 환경이 급격하게 구축되고 있는 지금, 우리는 이 테크네와 인간이 함께 만들어가는 가치에 대해 새롭게 고민해야 하는 시점에 와 있습니다.

그렇다면 가치 디자인이란 무엇일까요? 학제적인 영역에서 일반화된 말도 아니고, 멋져 보이는 학술적 개념으로 쓰고 싶어서 던지는 말도 아닙니다. 그저 값어치 있는 일을 하기 위해 생각을 정교하게 설계하고 그것을 씩씩하게 실천하는 일을 지칭하려 한 말입니다. 단 그 값어치 있는 일은 공허한 관념적, 도덕적 슬로건도 아니고, 절대적이고 유일한 이데올로기적 가치를 뜻하는 것도 아닙니다. 철학적으로 생각해본다면, 가치는 매우 고귀하면서도 유연한 것이죠. 움직이지 않고 화석화되어 있으면서 사물과 존재들에게 자리 값을 달라고 하는 고압적 개념이 아니라, 언제나 살아 숨 쉬고 생동하며 생성하는 창조와 성찰의 성장점입니다. 이 창조와 성찰의 성장점을 항상 화두로 삼고 현실에 발을 디딘 상태에서 올바로 실천하는 작업이 바로 가치 디자인입니다. 다시 말해 가치 디자인이란, 실재적 환경과 현실 안에서 인간이 사회와 세계의 문제들을 바라보고 그것을 해결하기 위해 노력하는 과정에서 이뤄지는 가치의 설계 작업을 말합니다. 단순한 상업적 이벤트나 일회적 캠페인이 아니라 지속가능한 방안을 설계하고 건강한 의미를 구현하는 이러한 작업은 실제로 많은 분야에서 우리 삶에 크고 작은 변화를 가져다주고 있습니다.

이제부터 우리는 새로운 작업이 구현되고 있는 현장을 찾아 가치 디자인의 관점에서 지식 융합 콘텐츠를 만나보려고 합니다. 현장의 가치 디자인을 체험하고 지식 융합 작업이 어떤 과정을 거쳐 진화하는지를 살펴보려 합니다. 먼저, 근래 주목할 만한 융합 콘텐츠를 크게 여덟 가지 범주로 나누었습니다. 크라우드소싱, 그린 어반 디자인, 지속가능성 콘텐츠, 적정기술 콘텐츠, 커뮤니케이션 디자인, CSR 콘텐츠, 업사이클링, 기능성 게임 등이 그것입니다.

실제로 이들 분야에서 생산된 콘텐츠들은 현대예술과 미디어 아트, 광고와 산업 디자인 등의 영역을 자유롭게 넘나들며 영향력을 넓혀나가고 있습니다. 현실에 발을 디딘 채 이상적 가치와 실존적 훈련들이 어렵게 균형을 잡아가며 부딪히고, 무너지고, 엎어지고,

다시 일어나면서 삶을 변화시켜가고 있지요. 이 생성의 공간은 아직 누구에 의해서도 점유되지 않았습니다. 그 안에서 어떤 놀라운 일들이 벌어지고 있는지 지금부터 본격적으로 살펴볼까요?

value
CHAPTER 1
design

따로 또 같이
크라우드소싱

'크라우드소싱crowd sourcing'은 대중을 뜻하는 '크라우드crowd'와 외부 자원 활용을 가리키는 '아웃소싱outsourcing'의 합성어입니다. 2006년 미국 IT 전문 잡지 《와이어드》의 제프 하우Jeff Howe라는 편집자가 사용하면서 대중화된 말입니다. 쉽게 말해 집단지성을 통해 솔루션을 찾아내는 일을 의미하죠. 요즘의 일반적인 크라우드소싱 활동은 기업 또는 일정한 목표를 가진 그룹의 구성원들이 함께 프로젝트를 기획하고, 그것을 많은 대중과 같이 실천하는 방식으로 이뤄지고 있습니다. 대표적인 예로 구글의 '해커톤Hackathon'을 들 수 있습니다. 해커톤은 '해커hacker'와 '마라톤marathon'이 합쳐진 말입니다. 해킹은 흔히 부정적인 의미로 쓰이지만, 한편으로는 풀기 힘든 문제들의 솔루션을 찾아내는 일을 뜻하기도 합니다. 해커톤은 컴퓨터 전문가들이 한 장소에 모여 특정 문제를 해결하는 이벤트입니다. 새로운 소프트웨어를 개발하거나 기존 소프트웨어를 개선하고자 할 때 개최하죠. 때로는 하드웨어를 다루기도 하고요. 여기 참석한 전문가들은 문제가 해결될 때까지 자리를 뜨지 않고 일주일 가까이를 그 한 가지에만 매달립니다. 말 그대로 해커들의 마라톤인 셈이지요.

이 같은 프로젝트 기획으로 참신한 성과물이 나올 수 있습니다. 컴퓨터 알고리즘을 고안해 문제를 해결하고, 제품의 마케팅 전략이나 서비스 디자인의 기본 구도를 도출하기도 합니다. 심지어 '직원들의 행복한 점심시간'이라는 주제를 놓고 구체적인 실행 방안을 찾아내기도 합니다. 무엇에 대해 질문할 것인지, 그리고 그 답을 어떻게 찾아낼 것인지 하는 데에 어떤 제한도 받지 않는다는 뜻입니다. 크라우드소싱은 '집단지성'이라는 개념이 구체적 상황에서 실행되는 것을 뜻하기도 합니다. 디지털 문화 환경에서 '따로 또 같이'라는 삶과 지식의 패턴이 다양하게 나타나는 사태로, 이는 어느 날 갑자기 등장한 게 아닙니다. 오래전부터 존재했던 지식의 네트워킹을 통한 솔루션 모색이라는 과정이 이 시대의 속성에 근거해 더욱 도드라져 보이는 것뿐입니다.

우리 역사와 전통 속에도 크라우드소싱이 있었습니다. 농사나 길쌈 등의 일을 온 마을 사람들이 힘을 합쳐 해나갔던 두레나 품앗이 등이 그 예입니다. 조금 더 확장해보면 과거 제도 역시 매우 혁신적인 크라우드소싱이었습니다. 나라를 경영하는 임금으로서는 일 잘하는 인재를 쓰고 싶은데, 주변에는 기득권을 가진 관료들이 포진해 지연과 학연에 얽힌 사람들만 추천하니 그러기가 쉽지 않았죠. 이에 과거 제도는 매우 훌륭한 인재 발굴 통로였습니다. 평민 이상의 신분이면 누구나 응시할 수 있고, 어느 지역 출신인지도 따지지 않았으니까요. 이 국가적 인재 채용 프로젝트는 지금 봐도 매우 창의적인 크라우드소싱이 아니었나 생각합니다. 이렇듯 '따로 또 같이' 해결하는 작업은 과거에도 활발했고, 앞으로도 결코 사라지지 않을 인류의 사회적 행동 양식입니다.

크라우드소싱은 크게 선택형과 통합형으로 나누어 볼 수 있습니다. 선택형은 공모전과 같은 형태를 말합니다. 기업이나 기관들이 대중에게 문제를 제시하고 솔루션을 부탁하는 방식이죠. 오래전부터 행해져 왔는데 근래 들어서는 영역이 크게 확대되었습니다. 예전에는 생각지도 못했던 주제를 다루거나 기획 자체도 참신해지는 등 날이 갈수록 진화를 거듭하고 있습니다. 이에 반해 통합형은 집단지성에 기반을 두고 자발적 참여로 이뤄지는 프로젝트 협업 형태입니다. 공유 노동이나 공유 경제에 기초한 활동들이 모두 여기에 속합니다. 하나의 예로 에어비앤비Airbnb와 같은 플랫폼 사업을 들 수 있습니다. 현재는 문을 닫았지만 성공한 실패로 평가받는 쿼키Qurky 역시 통합형 크라우드소싱을 토대로 한 비즈니스 모델이었습니다.

크라우드소싱의 바탕이 되는 '따로 또 같이'의 개념은 어쩌면 21세기 경제·사회 패러다임을 이끌어가야 하는 철학이자 실천 태도일지도 모르겠습니다. 그만큼 영역이 광범위하고, 현 시점에 매우 중요하고도 주목할 만한 삶의 패턴입니다. 이 책에서 다뤄지는 콘텐츠와 프로젝트 대부분이 크라우드소싱 영역에 포함된다는 점만 봐도 분명히 그렇습니다. 이제 크라우드소싱의 속성을 잘 구현한 콘텐츠들을 만나볼까요?

빅워크
내 걸음만큼 기부금이 쌓인다

크라우드소싱과 사회적 기업의 만남

빅워크는 우리나라 젊은 사회적 기업의 이름이면서 앱의 이름입니다. 우리가 일상에서 늘 하는 걷기, 별로 특별할 것도 없는 이 행위를 아주 가치 있고 의미 있는 일로 바꿔주는 신기한 앱입니다.

제가 매일 아침 집을 나와 직장까지 걸어가는 거리가 1.5킬로미터쯤 됩니다. 집을 나설 때 빅워크 앱을 켜고 걸음을 떼면 GPS가 제 위치를 잡아줍니다. 그리고 제가 걷는 동안 이 앱이 거리를 계산해 100미터에 10원씩을 적립합니다. 저녁에 또 같은 길을 걸어오면 150원이 더 적립됩니다. 다만, 속도가 시속 5킬로미터 이상이 되거나 한자리에서 10분 이상 움직이지 않으면 앱은 자동으로 데이터 수신을 중지합니다. 걸어서 출퇴근을 하는 것만으로 매일 300원씩

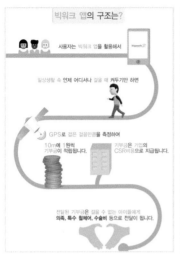

을 적립하는 셈이지요. 저뿐만 아니라 수많은 사람이 어디선가 이 앱을 사용하고 있습니다. 그 걸음들이 모이고 모여 커다란 걸음이 되는 모습을 상상해보세요. 빅워크라는 이름이 어떤 의미인지 금방 아시겠지요?

그러면 이렇게 적립된 돈은 어떻게 쓰일까요? 모두 기부금으로 사용됩니다. 열심히 걸어 다니는 것만으로도 기부를 하게 되는 거죠. 우리는 기부의 필요성도 잘 알고 있고 해야겠다는 생각도 가지고 있습니다. 하지만 우리는 대부분 좀 게으르기도 하고, 때로 변덕도 부립니다. 그런 우리에게 빅워크 앱은 훌륭한 대안이 되어줍니다. 빅워크에는 많은 스폰서 기업이 있어서 앱 사용자들이 적립한 금액을 대신 지불해줍니다. '기업의 사회적 책임'을 뜻하는 CSR Corporate

Social Responsibility을 활용한 비즈니스 모델이라고 할 수 있는데요. 이는 기업 활동에 영향을 주고받는 직간접적 이해관계자에 대해 법적ㆍ경제적ㆍ윤리적 책임을 감당하는 경영 기법을 말합니다. 갈수록 그 중요성이 더해지고 있죠. 이에 대해서는 이 책에서 여러 번 언급될 것이니 개념을 꼭 기억해두시기 바랍니다.

빅워크는 크라우드소싱과 사회적 기업의 형태가 멋지게 결합한 콘텐츠입니다. 물론 처음부터 잘되지는 않았다고 합니다. 처음 아이디어가 떠올랐을 때는 아이디어가 너무 좋아 모든 사람이 호응해주고 곧바로 사회적 기업을 창업할 수 있을 거라 생각했다고 해요. 하지만 실제 눈으로 볼 수 있는 데이터와 행위들이 없었기 때문에 아이디어만 그럴싸한 탁상공론 취급을 받았습니다. 수많은 기업에 제안서를 보내봤지만 보기 좋게 퇴짜를 맞았다는군요. 그나마 의기투합했던 사람들마저 하나둘 떠나 프로젝트를 접어야 하는 순간까지 있었습니다. 하지만 앱 개발자와 앱 디자이너가 스스로 기금을 마련한 후 프로젝트를 실천했고, 그렇게 만들어진 앱이 알려지면서 호응하는 사람들이 늘어나 현재는 자랑스러운 사회적 기업으로 우뚝 섰습니다.

빅워크는 걸음과 관련된 앱이라는 상징성이 있기에 처음에는 선천적으로 걷지 못하는 어린이들에게 수술비를 지원하거나 인공 보철 기구 등을 사서 기증하는 방식으로 기부금을 사용했습니다. 그러다가 점차 영역을 넓혀 현재는 다양한 분야에 기부금을 사용하고 있

걸 음 을 기 부 로
bigwalk

습니다. 예를 들면 열악한 환경에서 목숨을 걸고 일하는 소방대원들에게 소방용 도구들을 지원하거나 외국에서 지진 등의 자연재해가 일어났을 때 구호금을 보내거나 하는 방식으로 말입니다.

현실적으로 기부라는 것이 꾸준한 실천으로 이어지기 어렵고 걷는 행위 역시 너무 일상적이어서 주목받기 쉽지 않다는 점을 고려하면, 이 둘을 결합한 것은 정말 획기적인 아이디어가 아닐 수 없습니다. 스폰서 기업으로서도 사람들의 건강을 지원하기에 높은 마케팅 효과를 거둘 수 있고요.

블루오션의 개척자

여기서 사회적 기업에 대해 잠깐 생각해봤으면 합니다. 우리는 흔히 사회적 기업이라고 하면 '복지'라는 단어를 떠올립니다. 나아가 '소외 계층'이나 '일자리 창출', 그리고 '정부의 지원'이나 '착한 사장님' 등을 떠올리지요. 아주 틀린 건 아니지만 한 가지 꼭 생각해봐야 할 것이 있습니다. 사회적 기업도 기업이라는 점입니다. 당연히 잘 만들어진 비즈니스 모델을 통해 수익을 올려야 하죠. 이윤만을 추구하는 일반 기업과 다른 점이라면, 기업의 이익이 공동체의 가치를 위해 쓰인다는 점이죠. 즉 좋은 일을 하다 망해도 되는 기업으로 인식하거나 지속가능한 비즈니스 모델을 구축하고 실현하는 일은 하지 않아도 되는 기업으로 생각하면 안 된다는 것입니다. 이윤만을 추구하는 기업이 아니기에 더더욱 참신한 아이디어가 필요한 것이죠. 처음에 정부와 기관의 지원이 다소 있었더라도, 그것이 끊긴 이후에는 순수한 기업 활동만으로 수익을 창출하여 능동적으로 문제를 해결해나가야 합니다. 좋은 일을 할테니 지원해주세요'라며 정부 지원금을 받고 나서는 기업 혁신에는 관심을 두지도, 지속가능한 전망을 세우지도 않은 채 운영하다가 지원 기간이 끝나면 '뭐 그만하지, 경험 잘 했네!' 라며 문을 닫는 일은 아마추어리즘을 넘어 매우 무책임한 행위입니다. 특히 장애인이나 소외 계층을 볼모로 삼아 사회적 기업 창업 시스템을 남용하는 비윤리적 사례 역시 반드시 극복해야 하는 일이죠.

그래서 이제부터 우리가 고민해야 하는 사회적 기업은 좋은 일을 하다 언제든 사라져도 그만인 기업이거나 사회적 비용이 불필요하게 쓰이는 그런 기업이어선 안 될 것입니다. 그저 명분만 앞세우는 무능한 기업이 아닌, 반드시 이윤을 창출해 사회적 기업으로서의 기능을 온전히 유지하면서도 지속가능한 역량을 발휘하는 창조적인 기업이 되어야 합니다. 어찌 보면 사회적 기업은 새로운 블루오션을 개척하는 주인공일 수도 있습니다. 대기업이 진출하기 어려운 분야를 개척하거나 누구도 생각하지 못한 창의적 아이디어와 콘텐츠로 기업의 시스템을 유지하고 지속해야 하기 때문이죠. 그렇기에 사회적 기업으로서 성공하기가 더 어렵기도 하고요.

이는 앞으로 사회적 기업과 관련한 콘텐츠가 소개될 때마다 우리가 염두에 두고 살펴봐야 할 대목이라고 생각합니다. 빅워크는 크라우드소싱과 사회적 기업의 창의적 비즈니스 모델이 이상적으로 결합한 사례입니다.

ⓒ 빅워크 • 출처: http://www.bigwalk.co.kr

리캡차 · 듀오링고
데이터를 통해 서로 배우고 가르친다

진화하는 디지털 크라우드소싱의 현장

프로젝트 구텐베르크Project Gutenberg라고 들어보셨는지요? 1971년에 시작된 일이니 생각보다 오래됐습니다. 처음으로 e-book을 발명한 마이클 하트Michael S. Hart가 시작한 프로젝트로, 인류가 소중히 보존해야 할 수많은 고전과 책을 디지털로 바꿔 아카이빙 작업을 한 것입니다. 그 결과물을 누구나 무료로 내려받아 볼 수 있죠. 세계 최초의 디지털 도서관으로 불리는 프로젝트 구텐베르크 사이트 www.gutenberg.org를 방문해보면 방대한 양의 책과 문서를 얼마든지 볼 수 있습니다. 아주 오래전부터 축적돼온 인류의 정신적 자산이 매일매일 스캔돼 디지털 도서관에 쌓여가고 있죠. 그렇다면 이런 디지털 작업은 어떻게 진행되는 걸까요?

이 작업을 온전히 수행하기 위해서는 책이나 문서를 한 장 한 장 일일이 스캔해야 합니다. 그런 다음 스캔된 책과 문서를 다시 컴퓨터로 읽어 디지털 문자로 바꿔주어야 합니다. 그런데 컴퓨터는 더할 나위 없이 똑똑하고 신통방통한 도구이지만, 한편으로는 융통성이 없는 기계일 뿐이기도 하죠. 이 경우가 그렇습니다.

기나긴 세월을 이어오는 동안 활자가 원형 그대로의 모습을 유지하지 못하는 책들이 엄청나게 많습니다. 벌레가 먹었거나 곰팡이가 피었거나 종이가 뒤틀려 글자가 찌그러졌거나 습기 때문에 몇 장씩 붙어 있기도 합니다. 이런 책들은 스캔된 글자를 컴퓨터가 읽지 못합니다. 종이 색깔이 누렇게 변하기만 해도 글자를 읽지 못할 때가 있습니다. 이때는 사람이 일일이 글자를 읽어서 디지털 작업을 해야 하는데, 여기에 들어가는 인력과 시간과 비용이 결코 만만치 않습니다. 이런 고민에 참신한 솔루션을 제안한 사람이 바로 카네기멜론대학교의 컴퓨터 공학자 루이스 폰 얀Luis von Ahn입니다.

얀 박사의 솔루션을 이야기하기 위해서는 캡차Captcha 코드를 먼저 애기해야겠네요. 캡차 코드는 컴퓨터가 일그러지고 왜곡된 형태의 글자를 인식하지 못한다는 점을 이용한 보안 기술 중 하나입니다. 보통 인터넷 사이트의 자동 가입 방지를 위해 사용하는데, 'Completely Automated Public Turing test to tell Computers and Humans Apart'의 앞 글자를 따서 만들어진 이름이에요. 말 그대로 보안을 위해 '사람과 컴퓨터를 구별하기 위한 자동 테스트' 프로그램입니다. 이른바 '봇bot'을 막기 위해 만들어진 건데요. 봇은 몇 분 만에 수천 개의 이메일 계정을 만들 수 있을 만큼 엄청난 작업 속도를 자랑합니다. 특정 사이트에 이런 봇이 침투하면 거의 마비 상태에 이를 수도 있는 거죠. 그래서 사이트에 가입할 때 찌그러진 글자를 타이핑하게 하여 인간인가 아닌가를 테스트하는 방식이 등장한 겁니다. 지금도 하루에 2억 명이 넘는 사람이 이 프로그램을 만나고 있습니다. 여기에는 평균 10초 정도가 소요된다고 하니 날마다 약 50만 시간이 캡차에 쓰이는 겁니다. 원하는 사이트에 접속하거나 가입하기 위해서는 어쩔 수 없이 써야만 하는 시간이죠.

루이스 폰 얀은 여기에 주목했습니다. 이 많은 시간을 정보 도용이나 자동 가입 방지 외에 또 다른 의미 있는 일에 활용할 수는 없을까를 고민한 겁니다. 많은 궁리 끝에 그는 기존의 캡차 프로그램에 앞서 말한 손상되어서 컴퓨터가 읽지 못하는 글자들을 추가했습니다. 이름을 리캡차reCaptcha 코드라고 붙였는데요, 이 리캡차 코드가 하는 일이 놀랍습니다. 전 세계 인터넷 사용자들이 리캡차 코드를 사용하게 될 때, 프로젝트 구텐베르크 컴퓨터는 자신들이 읽지 못하는 글자의 패턴을 익히게 된다는 것이죠.

컴퓨터가 읽지 못한 글자들을 인간이 대신 읽어주면서 컴퓨터를 가르친 겁니다. 요즘 흔히 말하는 '딥 러닝' 또는 '머신 러닝' 이라는 기술이 컴퓨터에 활용된 것이고, 그 기본 데이터는 우리의 일상적 행위였던 것이죠. 이런 과정을 통해 똑똑해진 컴퓨터가 인류의 문화유산을 디지털화하는 일에 더 경제적이고 효율적으로 투입되고 있으니, 우리는 루이스 폰 안 덕분에 알든 모르든 '따로 또 같이' 를 실천한 것입니다.

그는 이 같은 방식으로 또 한 가지 재미있는 일을 했습니다. '듀오링고Duolingo'라는 프로그램을 만든 것입니다. 웹 서비스와 앱 서비스를 이용해 외국어를 배울 수 있는 프로그램입니다. 기본 원리는 같습니다. 문법, 단어, 숙어, 번역, 쓰기 등 다양한 방식으로 언어를 학습하는 과정에 머신 러닝 기술을 활용하는 컴퓨터를 결합한 것입니다. 즉 어떤 학생이 영어를 배우려 할 때, 듀오링고는 그 학생이 이미 알고 있는 문제를 내면서 수준을 체크합니다. 그렇게 수준을 파악한 뒤 다음 단계로 나아가면서 문제를 풀게 하는데, 문제를 풀수록 듀오링고는 더 풍부하고 정확한 어학 교육 데이터와 콘텐츠를 확보하게 됩니다.

이렇게 모인 풍성한 데이터와 알고리즘은 듀오링고를 더 좋은 영어 선생님으로 만들어갑니다. 영어를 사용하는 사람이 한국어를 배우

려 할 때도 똑같은 방식이 적용됩니다. 듀오링고에 접속해 문제를 풀고 답을 낼수록 우리의 어학 실력이 점점 나아지고, 동시에 듀오링고 역시 한층 실력 있는 선생님으로 성장해갑니다. 사용자 모두 데이터를 업그레이드해주는 역할을 하므로 듀오링고는 당연히 무료로 운영됩니다. 한번 들어가서 체크해보고 매일매일 주어진 학습 분량을 따라가 보세요. 꽤 엄격해서 답답하게 느껴질 정도의 실력파 선생님을 모시고 공부하는 것 같을 겁니다.

우리는 앞서 크라우드소싱과 '따로 또 같이'에 대해 이야기했습니다. 집단지성의 또 다른 이름인 이들은 과거에도 많은 능력을 발휘했듯이 이제 인공지능을 진화시켜가고 있습니다. '정말 인간과 같이 생각하고 행동하는 인공지능이 출현할까? 정녕 그렇게 된다면 인류의 삶은 어떻게 될까?' 하는 것은 여기서 다룰 문제는 아닙니다. 실제로 그렇게 높은 수준의 인공지능이 쉽사리 출현하기도 어렵고요. 중요한 것은 인간과 인공지능은 서로를 참조하며 진화하는 운명공동체라는 것입니다. 인간을 저쪽 구석에 밀어놓고 인공지능이 자기 혼자 커가면서 우리를 능가하게 될 것이라든가, 인공지능은 절대로 인간을 앞설 수 없는 뒤떨어진 존재일 뿐이라든가 하는 예단은 의미가 없습니다. 보다 본질적으로 '현재의 과학기술 앞에서 인간과 기술이 어떤 방향으로 어떻게 진화해가고 있는가?'를 진지하게 고민해야 한다는 겁니다.

인공지능이 인간에게 가져다줄 행복 또는 불행의 결과에만 주목할 게 아니라, 그 과정에서 인간과 인공지능 사이에 치열한 상호 참조가 일어난다는 점에 주목할 필요가 있습니다. 행복이나 불행 역시 인간과 인공지능 간에 발생하는 생성과 진화의 틀 안에 존재하기 때문입니다. 행복이든 불행이든 결국은 우리가 만드는 것입니다. 우리는 매 순간 눈부시게 진화하는 기술과 더불어 유연하게 하루하루를 살아갈 뿐입니다. 이 과정에서 무척이나 창의적이고 가치 있는 프로젝트 하나가 수행되고 있었던 것이죠. 지금까지 살펴본 리캡차와 듀오링고가 바로 그것입니다. 크라우드소싱과 따로 또 같이 정신이 만들어낸 아주 놀라운 가치 디자인 작업이라고 생각하지 않으시나요?

Project Gutenberg—ⓒ gutenberg • 출처: https://www.gutenberg.org/
reCaptcha—ⓒ Google Recaptcha • 출처: https://www.google.com/recaptcha/intro/android.html
Duolingo—ⓒ Duolingo • 출처: https://www.duolingo.com/

필로미터

내 얼굴이 우리 마을의 얼굴이니까요

🔄 **크라우드소싱이 인터랙션 콘텐츠를 만났을 때**

독일의 린다우라는 작은 마을은 관광 수입이 주된 소득원인 마을입니다. 몇 년 전 이 마을에 특이한 구조물 하나가 설치됐습니다. 항구의 등대 위에 설치된 '필로미터Fühlometer'인데요, '느끼다'라는 뜻의 독일어 필렌fühlen과 미터meter가 결합한 말입니다. 영어로는 '필로미터Feel-o-meter'라고도 불리고, 가끔 퍼블릭 페이스Public Face라고도 합니다. 웃는 얼굴, 찌푸린 얼굴, 무표정한 얼굴 등 사람의 감정과 정서를 표현할 수 있는 커다란 얼굴 형태의 철제 구조물이거든요. 여기에 설치된 LED 램프로 린다우 마을 사람들의 표정을 실시간으로 반영해주는 재미있는 콘텐츠입니다.

실제로는 좀 복잡하지만 작동 원리를 간단하게 설명하겠습니다. 우선 마을에서 주민들이 가장 많이 지나다니는 곳에 카메라를 설치합니다. 이 카메라는 얼굴 인식 기능을 가진 프로그램과 연동돼 오가는 사람들의 표정을 실시간으로 캡처합니다. 이렇게 마을 사람들의 표정을 모아 웃는 얼굴이 많으면 웃는 표정으로, 무표정한 얼굴이 많으면 무표정한 표정으로, 화난 표정이 많으면 화난 표정으로 구조물의 눈과 입 모양을 바꿔주는 방식입니다.

이 구조물에 사용된 컴퓨터 비전 인식 프로그램은 프라운호퍼 인스티튜트Fraunhofer Institut에서 개발해 제공한 것입니다. 콘셉트를 기획하고 제작에 참여한 작가는 줄리어스 폰 비스마르크Julius von Bismarck, 벤저민 마우스Benjamin Maus, 그리고 리처드 빌헬머Richard Wilhelmer 입니다. 이들은 이미 2008년 독일 베를린 쇤베르크에 가스오미터Gas-o-meter 라는 구조물을 제작해 명성을 쌓아온 디자이너들이죠.

이 구조물이 관심을 끄는 것은 한 고장의 아이덴티티 디자인을 인터랙션 콘텐츠가 충분히 해내고 있다는 것, 그리고 그것이 바로 마을 주민들의 표정으로부터 만들어진다는 콘셉트 때문입니다. 에너지 사용을 최소화하기 위해 와이어 무빙 시스템을 활용했다는 사실도 흥미롭습니다. 주민들의 표정에 따라 일정한 시차를 두고 얼굴 모습이 변하게 되어 있는데, 그 일이 와이어를 감고 풀어주는 것만으로 가능하게 한 것입니다.

이 구조물은 독일 사람들이 겉으로는 말이 없고 차갑다는 느낌을

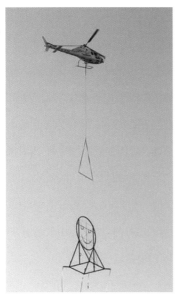

주지만 속으로는 유머 코드를 적극 활용할 줄 아는 사람들이라는 생각을 갖게 합니다. 유람선을 타고 마을로 들어오는 관광객들에게도 가식적인 이미지가 아니라 실제 주민들의 표정을 보여주는 방식으로 손님을 맞이한다는 콘셉트가 여유롭고 즐겁습니다. 관광객들은 '오늘 린다우 사람들은 기분이 좋은가 본데?' 또는 '어제 축구 경기에서 졌다더니 시무룩하군' 등의 생각을 하면서 항구로 들어서죠.

마을은 자그마하고 아날로그적인 느낌이 짙은 곳이지만 이 필로미터 덕분에 자신의 정체성과 브랜드를 자연스럽게 형상화하고 홍보할 수 있게 됐습니다. 주민들이 상호작용하는 콘텐츠를 갖게 되면서 린다우 마을은 특색 있는 관광지가 되었습니다.

소셜 스와이프

화끈하게 한번 그어볼까요?

○ **직관적 인터페이스 디자인의 힘**

앞서 이야기했듯이 기부는 마음처럼 쉽게 되지 않습니다. 어떤 특별한 계기가 생기지 않는 한 게으름 때문이기도 하고, 이 돈이 필요한 사람들에게 온전히 전달될까 의심스럽기 때문이기도 하고, 실행에 옮기고자 하는 마음이 항상 생겨나는 게 아니기 때문이기도 하죠. 그래서 빅워크 앱 같은 아이디어와 사용자 경험User Experience, UX, 사용자 인터페이스User Interface, UI 디자인이 필요한 것입니다. 우리를 자연스럽게 기부 쪽으로 이끌어주는 디자인 말이죠.

이번에 살펴볼 콘텐츠는 '소셜 스와이프Social Swipe' 라는 기부 증진 콘텐츠입니다. 세계적 아동구호단체인 미제레오르Misereor가 기획해 신용카드 회사들과 함께 제작했습니다. 미제레오르는 독일 아첸에 본부를 두고 있으며, 독일 가톨릭교회가 운영하는 사회운동기구입니다. 오랜 역사만큼이나 탁월한 가치 디자인 작업을 많이 해온 곳이죠. 소셜 스와이프는 빈곤층이 많은 나라의 어린이들에게 식생활과 학업, 문화생활에 도움을 주거나 정치적 억압이 심한 나라에서 인권을 유린당하는 사람들을 돕기 위해 시작됐습니다. 그들은 먼저 유럽인들의 일상적인 행위를 기부로 연결시키고자 마음먹었습니다.

이들은 쉽고 간단한 행위가 기부와 연결되면 좋겠다는 생각으로 비교적 잘사는 나라 사람들의 일상적인 모습을 관찰했습니다. 그러다가 '탁' 하고 무릎을 쳤습니다. '좋아, 사람들이 전부 신용카드를 긋는군!' 물건을 사거나 서비스를 이용할 때 돈을 꺼내지 않고 신용카드를 내미는 것을 발견한 겁니다. 돈은 보이지 않았지만 가상으로 돈을 지출하는 이 행위가 기부로 이어지면 좋겠다는 생각을 한 것이죠. 그들은 사람들이 기부 행위에 선뜻 나서게 하려면 훌륭한 디자인이 필요하다고 생각했습니다. 그 결과 마침내 소셜 스와이프가 탄생한 것입니다.

긋고 자르면 기부가 된다

우리말로는 '카드를 긋는다' 고 표현하지만 서양에서는 '후려치다' 라는 뜻을 가진 'swipe' 라는 단어를 씁니다. 그러다가 이 말이 '카드를 대다tap' 라는 표현으로 옮겨갔죠. 모두 카드를 어느 한 방향으로 움직이게 하는 행위를 표현하는 말입니다. 소셜 스와이프는 이 단어에 담긴 이미지와 힘을 UI 디자인에 효과적으로 적용했습니다. 커다란 화면에 빵이 있고 사람들이 먹기 좋은 두께로 자를 수 있는 구분선이 있습니다. 사람들은 구분선에 자신의 신용카드를 대고 긋습니다. 빵을 칼로 자르는 듯한 행위를 통해 누구나 자유롭게 스와이프할 수 있게 한 것입니다.

여기까지만 하더라도 매우 직관적인 UI 디자인이지만 이들은 한 걸음 더 나아갑니다. 내가 카드를 그어서 잘라낸 빵 한 조각이 그냥 도마 위에 남아 있는 게 아니라, 어디선가 손 하나가 나타나 조용히 빵을 가지고 화면 밖으로 사라집니다. 그러곤 화면에 "당신의 기부에 감사드립니다!"라는 문구가 나타나요. 내 기부 행위가 완성됐다

가치를 디자인하라

는 느낌을 주는 것이죠.

이 외에도 스와이프라는 단어가 가진 은유적 힘을 확장하면 기부
영역을 얼마든지 넓힐 수 있습니다. 예컨대 '그들에게 자유를Free
Them' 이라는 문구와 함께 밧줄에 묶인 두 손이 나타나는 디자인도
있습니다. 그 밧줄을 가르는 경계선에 카드를 스와이프하면 밧줄이
뚝 끊어지면서 두 손이 자유로워지죠. 내 작은 기부가 정치적으로
탄압받거나 인권을 유린당하는 사람들의 자유를 되찾게 하는 데 기
여한다는 사실을 자연스럽게 알려주는 것입니다.
소셜 스와이프 콘텐츠에 참여하고 나면 나중에 카드사로부터 2유로
의 돈이 기부됐다는 명세서를 받게 됩니다. 많은 돈은 아니지만 나
도 기부라는 공익적 가치에 참여했다는 뿌듯한 성취감을 맛볼 수

있습니다.

뭔가를 긋고 자르거나 휘둘러서 베는 행위, 약간은 거칠고 무서워 보이기도 하는 이런 행위가 기부라는 사회적 가치로 실현돼가는 과정을 잘 보여주는 사례입니다. 일상에서 쉽게 실천하기 어려운 기부라는 행위를 직관적 UX·UI 디자인, 즉 가치 디자인을 통해 자연스럽게 유도한 콘텐츠라고 할 수 있습니다. 이것이 바로 가치 디자인의 힘입니다.

페이 퍼 래프
돈은 웃은 만큼만 받을게요

공연 문화 활성화를 위한 새로운 티켓팅 ⟳

연극을 보러 가거나 공연장을 찾는 일들이 아직 우리에겐 일상적으로 느껴지지가 않습니다. 어쩌다 한 번 가서 특별한 경험을 하는 일종의 문화 체험 같은 느낌이 강하죠. 하지만 유럽에서는 공연 문화가 사람들의 삶 속에 깊숙이 들어와 있습니다. 유럽 사람들은 연극, 특히 코미디를 굉장히 좋아해서 코미디 공연 입장객이 영화 관객만큼이나 많습니다.

우리나라에서도 〈개그 콘서트〉나 〈웃찾사〉 같은 텔레비전 프로그램이 관객을 앞에 놓고 공연을 하긴 합니다. 하지만 이는 방송 콘텐츠를 만들기 위한 것이라서 관객을 대상으로 하는 순수한 공연이라고 보기는 어렵습니다. 관객 입장에서도 방청객 신분으로 참여하는 일이기에 완성도 있는 공연을 관람했다고 생각하지도 않을 것입니다. 관람료도 없고요. 유럽인들이 공연 문화를 소비하고 향유하는 모습은 우리나라 대학로의 소극장에서 펼쳐지는 개그맨들의 공연을 보러 가는 장면을 상상해보면 대략 비슷할 것 같습니다. 다만, 우리의 경우 그 횟수가 매우 제한적이고 공연 또한 많지 않다는 게 차이점입니다. 유럽인들은 무대에서 직접 배우나 코미디언을 만나는 일이 일상적이며 공연장이 크든 작든 가리지 않고 수시로 공연장을 찾곤 합니다.

그런데 몇 년 전부터 유럽 공연 문화계에 위기가 닥쳐오기 시작했습니다. 전반적으로 경제가 좋지 않다 보니 사람들이 문화 활동에 소극적이 되고, 이에 따라 공연장을 찾는 발길이 뜸해진 겁니다. 설상가상으로 어려운 경제 사정 때문에 정부의 문화 예술 지원금도 많이 삭감됐어요. 이래저래 공연 환경 자체가 기력을 잃어갔습니다. 게다가 할리우드 영화의 대대적인 공습도 한몫했고요.

당연히 극장주와 제작자, 배우들의 사정이 모두 어려워졌습니다. 다들 '어떻게 하면 사람들을 다시 극장으로 오게 할 수 있을까?' 하고 고민했지만 뾰족한 방법이 없었습니다. 그때 스페인의 한 극장주와 제작자가 기발한 생각을 했습니다. '일단 공짜로 들어오게 하면 어떨까? 그러면 가벼워진 주머니 사정 때문에 공연장을 외면하던 관객을 다시 끌어모을 수 있지 않을까?' 문제는 그다음이었습니다. '그럼 돈은 어떻게 받지? 맞아, 우리는 코미디 공연이기 때문에 관객이 웃어야만 우리가 티켓값을 한다고 생각하잖아. 그렇다면 관객이 웃었을 때 돈을 받으면 되겠네.' 발상은 좋았으나 문제가 해결된 건 아니었습니다. '하지만 무슨 수로 관객이 웃었을 때 돈을 받지? 관객 앞에 지키고 서서 웃을 때마다 횟수를 셀 수도 없고….' 그들은 참신한 아이디어로 위기를 극복하려고 했지만 될 듯 될 듯 하면서도 확실한 결론이 나지가 않았습니다.

관객이 부담 없이 극장으로 올 수 있게 돈을 받지 말자는 발상은 획기적이었고, 관객이 웃었을 때만 돈을 받자는 구상도 합리적이었습니다. 문제는 이를 구체적으로 실현할 방법을 찾을 수가 없다는 것이었습니다. 끝없는 고민 끝에 한바탕 해프닝으로 끝나버리고 말 뻔한 순간, 거짓말처럼 완벽한 솔루션이 탄생했습니다. 한 ICT 공학자와 디자이너의 극적인 만남을 통해서입니다.

이들은 관객이 앉아 있는 자리 앞, 그러니까 앞사람의 좌석 뒤에 디지털카메라가 장착된 기기를 설치하기로 했습니다. 그 카메라로 관객의 얼굴을 캡처하고, 얼굴 인식 프로그램을 활용해 웃을 때마다 횟수를 세게 하는 것이었습니다. 그러면 공연이 끝난 뒤 내가 웃은 횟수만큼 공연료를 내면 되는 것이죠. 얼굴 인식 프로그램, 즉 컴퓨터 비전 인식 프로그램을 활용해 관객의 웃는 얼굴을 정확히 계산할 수 있게 된 겁니다.

비전 인식 프로그램이 이토록 효자 노릇을 할지는 몰랐습니다. 앞에서 살펴본 린다우 마을의 필로미터를 떠올리게 합니다. 기술에 영혼을 불어넣어 새로운 가치를 만드는 일은 인간의 상상력과 지식

을 융합하는 운동으로부터 시작된다는 사실에 고개를 끄덕이게 됩니다.

◉   **열 일하는 비전 인식 프로그램**

그들은 즉시 행동에 옮겼습니다. 공연장의 모든 좌석 뒤에 카메라 촬영이 가능한 태블릿 PC를 장착했습니다. 이 기기가 관객 한 명 한 명의 표정을 잡아 웃을 때마다 실시간으로 카운트를 하고, 그것을 공연장 한쪽 벽에 마련된 전광판에 보여줌으로써 자신의 좌석 번호와 웃은 횟수를 관객 스스로 알 수 있게 했습니다.

관객의 반응은 어땠을까요? 가히 폭발적이었습니다. 처음 '이게 뭐지?' 하는 마음으로 공연장에 '공짜'로 입장한 관객은 곧 이 새롭고 참신한 공연 문화와 공연료 지불 방식에 즐거워하며 동화됐습니다. 한 번 웃을 때마다 지불하는 돈은 유로로 30센트였습니다. 우리 돈

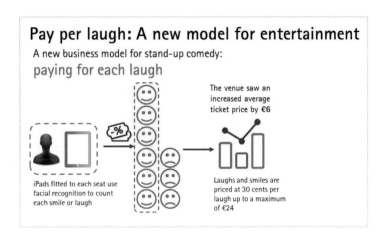

Pay per laugh: A new model for entertainment

A new business model for stand-up comedy:
paying for each laugh

The venue saw an increased average ticket price by €6

iPads fitted to each seat use facial recognition to count each smile or laugh

Laughs and smiles are priced at 30 cents per laugh up to a maximum of €24

으로 400원 정도죠. 공연이 끝난 뒤 퇴장할 때 자신의 좌석 번호를 이야기하면 웃은 만큼 공연료를 지불하게 됩니다. 어떻게 보면 인류 최초로 자신의 감정 표현에 상응해 티켓값을 지불하는 시스템을 만든 셈입니다. 돈을 아끼려고 억지로 웃음을 참는 관객은 거의 없었다고 합니다.

이 획기적 시스템을 통해 공연 제작자와 배우들 역시 생각지도 않은 정보를 얻게 됐습니다. 그저 두루뭉술하게 '이런 장면에서 많이 웃는구나' 또는 '이렇게 하니까 생각보다 웃지 않는구나' 하는 식으로 관객의 반응을 추측하던 이들에게 한 번의 공연에서 관객이 평균 몇 번이나 웃는지, 어떤 부분에서 많이 웃는지 등에 대한 구체적인 데이터가 제공된 겁니다. 새로운 작품을 만들면서 관객과 교감하는 데 큰 도움을 주는 유용한 참고 자료들이 생겨난 것이죠.

모션 인식이나 비전 인식 프로그램은 보안과 안전 관련 분야에서 요구돼 만들어진 기술인데 자동차의 자율 주행 시스템에 적용되면서 급속도로 확장되고 진화하기에 이르렀습니다. 필로미터나 페이퍼 래프 콘텐츠를 보면 역시 기술은 생명과 마찬가지로 사회 문화적 요인과 환경에서 인간과 함께 진화하고, 그 속성과 본질 역시 불연속적이고 비규정적인 차원에서 생성된다는 생각을 하게 됩니다. "기술의 본질은 기술 그 자체가 아니라 그 기술을 구성하는 사회와의 네트워크 안에 있다"고 한 하이데거의 말에 공감하게 되는 순간입니다. 가치 디자인은 그 생성의 과정에 있는 하나의 모습을 보여주는 것입니다.

ⓒ Teatreneu · 출처: http://www.thecyranosmccann.com/

가치를 디자인하라

빅워크의 활동을 어떻게 보셨습니까? 2012년의 일이니 벌써 5년이 지났습니다만, 처음 빅워크를 알게 됐을 때의 감동과 흥분을 저는 아직도 기억합니다. 당시는 문화 콘텐츠의 새로운 영역을 만들어내야 하는 시점이었습니다. 하지만 정작 어디로 가야 할지 방향을 잡지 못했고, 인문과 기술의 융합이라는 화두를 구체적으로 실현하려면 어떻게 해야 할지 고민이 깊던 시간이었습니다. 그때 한국사회적기업진흥원에서 열린 한 워크숍에서 이제 막 걸음마를 시작한 빅워크에 대해 알게 됐습니다. 이를 통해 저는 '인문과 기술의 융합이라는 화두는 이렇게 전망을 갖게 되는구나. 이론적이고 관념적인 접근이나 모호한 매뉴얼의 작성이 아니라 이렇게 구체적으로 문제를 해결하고 가치를 구현할 수 있는 콘텐츠를 찾아야 하는구나' 라는 분명한 생각을 갖게 됐습니다. 가치 디자인에 대한 확신을 갖게 된 순간이기도 했습니다.

빅워크는 새로운 영역을 찾아 전진하며 사회적 기업으로서 당당하게 가치를 디자인 한다는 점에서 자신만의 분명한 캐릭터를 가지고 있습니다. 복잡한 기술을 좇기보다 비교적 쉽게 접근하고 구현할 수 있는 앱을 개발했죠. 크라우드소싱의 힘을 자연스럽게 응집시켜 사회적 기업의 모델과 결합하고자 한 시도가 참신했습니다. 덧붙여 매우 취약한 사회적 기업의 지속 발전 가능성 부분에 대해 끊임없이 고민함으로써 적합한 비즈니스 모델을 디자인한 것 역시 혁신적인 일이었다고 생각합니다. 인문학적 사고를 통한 사회적 기업의 방향 설정과 문제 제기, 그것을 해결하기 위한 기술의 활용, 그리고 효과적인 기업 운영의 모델을 모색한 기업가 정신의 삼박자가 맞아떨어지면서 새로운 가치를 디자인한 것입니다.

루이스 폰 얀이 프로젝트 구텐베르크와 관련해 딥 러닝의 기본적 알고리즘을 응용한 것 또한 작지만 혁명과도 같은 일이었습니다. 인류의 고귀한 자산인 책과 문서를 디지털화하는 행위와 인터넷 환경에서 보안 문제를 해결하는 행위가 접속되는 지점은 정말 놀라운 경험 아니었나요? 창조적 행위란 사물과 존재, 행위의 관계망을 새롭게 조직하고 접속시키는 일입니다. 단지 보안을 위해 사용하던 캡차 기술이 딥 러닝을 통해 프로젝트 구텐베르크를 전혀 다른 차원에서 완성하고 있다는 사실이 저에게는 창조적 작업 그 자체로 인식됩니다.

더불어 생각해야 할 또 다른 부분이 있습니다. 지금까지 공학자들은 딥 러닝을 연구하고 발전시키기 위해 끊임없이 노력했지만 그 영역이 공학 부분에 한정돼 있었습니다. 그런데 리캡차가 이 기술을 사회적·문화적 가치를 구현하는 영역으로 확장해주었습니다. 융합이라는 것이 인위적으로 그냥 갖다 붙이거나 방법론적으로만 잘 짜서 하면 되는 것이 아니기에, 리캡차 콘텐츠가 보여주는 융합의 패턴에 주목할 필요가 있습니다. 창조와 융합은 단순한 유행이 아닌 우리의 지성이 자연스럽게 생동하고 움직이는 생성의 패턴이기 때문입니다. 루이스 폰 안 팀이 만든 듀오링고 역시 공학기술이 언어 교육 프로그램에 효과적으로 쓰일 수 있다는 것을 증명했습니다. 동시에 공학기술과 교육 프로그램이 융합하는 콘텐츠 디자인이 얼마든지 가능하다는 것도 생생하게 보여주었습니다.

크라우드소싱을 다루면서 한 가지 더 생각해야 할 것은 존재하는 모든 것이 정보이고 에너지일 수 있다는 점입니다. 빅워크에서는 '걷는다'는 행위가 '따로 또 같이'의 행위를 가능하게 한 중요한 정보였죠. 리캡차에서는 프로젝트 구텐베르크 과정에서 선별된 온전하지 못한 알파벳과 숫자들이 그렇고요. 퓔로미터는 마을 사람들의 표정이 콘텐츠를 만들어내는 데 중심적인 정보가 되었습니다. 주제를 구분하며 책을 구성해야 했기에 퓔로미터를 크라우드소싱에 담아 소개했지만, 뒤에 나오는 지속가능성 콘텐츠라는 주제에도 잘 어울린다고 생각합니다. 주제를 명확하게 나눌 수 없는 콘텐츠가 많다는 것은 그만큼 이 시대의 디자인 작업이 학제와 경계를 넘나들며 자유롭게, 그리고 다양하게 진행되고 있다는 말과 같습니다. 또한 저마다 각양각색의 가치와 주제를 담아내려고 부지런히 노력하고 있다는 말이기도 합니다.

마케팅 분야에서도 우리의 표정이 흥미롭게 사용될 수 있었죠. 바로 페이 퍼 래프 콘텐츠에서였습니다. 기존의 관람 행위 패턴을 새롭게 고민해 혁신에 성공한 가치 디자인이라고 할 수 있습니다. 사실 우리가 공연을 관람하는 것은 경제적인 면에서 보면

적지 않은 위험을 감수하는 투자 행위라고 할 수 있습니다. 어떤 '제품'인지를 정확히 알 수 없는 상황에서 시간과 돈을 지불한 뒤, 그만큼의 감동과 위안과 즐거움을 안고 돌아가야 하는 행위니까요. 작품의 질과 예술가들에 대한 신뢰를 바탕으로 할 뿐 투자 대비 이익에 대해서는 누구도 장담할 수 없습니다.

스페인의 한 극장에서는 자꾸만 예매율이 떨어지는 심각한 상황을 해결하기 위해 방법을 찾았습니다. 그리고 위험 부담이 큰 투자라는 속성을 갖고 있는 공연 관람 행위를 찬찬히 들여다보며 이에 딱 맞는 솔루션을 만들어냈죠. 관람료에 관한 한 오랫동안 당연시되던 '지불 뒤 공연 관람'이라는 패턴을 '공연 관람 뒤 지불'로 확 바꿔버린 것이죠. 관객의 반응 자체를 입장료로 환산하자는 생각은 획기적이고 기발한 생각이라는 점을 넘어 어찌 보면 작은 혁명과도 같은 일입니다. 이미 굳어진 공연 문화 시스템을 근원적으로 고민하게끔 하는 가치 디자인이라고 할 수 있죠. 이 방식에 관객이 기꺼이 호응하고 즐겁게 받아들인 이유도 디자인이 잘 구현됐기 때문일 겁니다. 이러한 콘텐츠는 섬세하고 정교한 기획도 중요하지만 실행자들의 정확한 판단과 의지도 매우 중요합니다. 완성된 기획안이 마지막 실행 단계에서 이뤄지지 않는 일도 허다하기 때문입니다.

소셜 스와이프 콘텐츠는 잘 설계되고 기획된 UX·UI 디자인이 콘텐츠의 성공에 얼마나 중요한지를 알려주는 모범 사례입니다. 기부 행위는 마음속에서 여러 경로를 거쳐 실행되죠. 한마디로, 쉽게 실천되지 않는다는 뜻입니다. 빅워크가 조금 넓은 차원에서 UX 디자인을 해석하며 가치 디자인을 실현했다면, 소셜 스와이프는 우리가 직접 기기를 대할 때 만나는 UI를 효과적으로 디자인한 사례라고 평가할 수 있습니다. 어렵게만 느껴지는 기부를 부담 없이 실행에 옮길 수 있게끔 그 행위를 세심하게 디자인했으니까요.

우리는 지갑에서 현금이 빠져나가는 걸 그다지 좋아하지 않습니다. 물론 지갑에서 카드를 꺼내 스와프하는 것도 그렇게 좋아하지는 않지요. 자신이 아주 즐겁게 소비한 경우 이외에는 대부분 그렇습니다. 그래도 사람들은 현금보다는 카드를 조금 덜 무서

워합니다. 실제로 현금을 가지고 다니는 사람보다는 카드를 가지고 다니는 사람이 훨씬 더 많죠. 이런 환경에서 소셜 스와이프 팀은 아주 명확하면서도 상징적인 인터페이스 디자인을 생각해냈습니다. 어떤 물건을 구입하기 위해 카드를 '긋는' 순간, 그것이 가치 있고 의미 있는 기부 행위로 이어진다는 것을 보여주는 명확한 이미지를 구현한 겁니다. 카드를 긋는 행위가 지구촌 공동체에 기여하는 것이라는 생각을 갖게 하고, 나아가 직접적인 보람을 느낄 수 있도록 했죠. 카드를 긋는 행위와 기기의 영상이 적절하게 연결된, 즉 잘 어우러진 UX · UI 디자인이 사람들의 시선을 끄는 데 성공한 것입니다. 잘 디자인된 UX와 UI를 스마트 기기 바깥에서 보는 일이 흔하지 않은데, 이 콘텐츠가 바로 이 어려운 일을 해낸 겁니다.

value

CHAPTER 2

design

자연과 인간 그리고 도시
그린 어반 디자인

복잡한 도시에서 매일같이 치열하게 살아가는 현대인들은 기회만 되면 한적한 시골로 들어가 여유롭게 살고 싶다는 꿈을 꾸지요. 하지만 삶의 모든 기반이 도시에 있기 때문에 이를 실행에 옮기기는 어렵습니다. 그렇다면 도시를 떠날 생각을 하기보다는 도시 안에 살면서 삶의 질을 높이고 도시 공동체가 안고 있는 단점들을 줄여나갈 방안을 찾는 것이 더 바람직하지 않을까요? 하지만 개인의 건강한 의식이나 의로운 실천만으로 쾌적하고 살기 좋은 도시를 만들기는 매우 어렵습니다. 그래서 여기서도 '따로 또 같이'의 정신에 따라 더 나은 대안을 찾아나가는 활동이 필요합니다. 그린 아이디어green idea에 기반을 두고 친환경을 주제로 전개되는 여러 가지 프로젝트가 바로 그것입니다.

우리에게 이미 친숙한 용어이기도 한 '그린 디자인green design'이란 환경친화적인 디자인을 말합니다. 그동안 산업화가 진행되면서 자연생태계에 악영향을 끼쳐온 제품들을 앞으로는 자연생태계에 피해를 주지 않으면서 자연의 순환 과정을 따라갈 수 있도록 디자인하는 것이죠. 이보다 조금 낯선 용어인 '어반 디자인urban design'도 있습니다. 도시의 물리적·사회적 질을 높여 사람들이 쾌적한 환경에서 행복과 즐거움을 누리며 살아갈 수 있도록 도시를 디자인하는 것입니다. '그린 어반 디자인' 이란 이 두 가지 의미를 합친 겁니다. 또 '에코 디자인eco design' 도 있습니다. 생태학을 뜻하는 '에콜로지ecology' 와 디자인이 결합한 말입니다. 그린 디자인과 에코 디자인은 단어만 다를 뿐 의미는 같습니다. 그린 디자인 또는 에코 디자인은 환경 문제와 깊은 관련이 있습니다. 생산과 소비의 모든 과정에서 환경오염을 최소화하며 친환경적으로 접근하는 것을 전제로 하는 디자인입니다. 제품의 수준은 유지하면서도 환경오염이 되지 않도록 하거나 최소화할 수 있도록 디자인하는 것을 의미합니다. 제품을 사용하는 동안만이 아니라 용도가 다해 폐기할 때도 환경에 악영향을 끼치지 않아야 합니다. 예를 들어 전기를 획기적으로 절약할 수 있는 친환경 선풍기를 디자인했는데, 제작 과정에서 중요한 부품 하나가 많은 오염물질을 생성한다면 그 제품은 그린 디자인이 될 수 없습니다. 또한 잘 개발된 친환경 제품이라 해도 수명이 다해 폐기할 때 일반 제품보다 더 많은 환경 호르몬을 배출한다면 이 역시 그린 디자인이라고 할 수 없습니다.

그린 디자인에서 반드시 고려돼야 할 개념 중 하나가 '지속가능성' 입니다. 사회적·문화적·경제적 가치 등 다양한 속성을 반영해 효과가 일시적으로 나타나는 것이 아니라 지속되어야 한다는 의미입니다. 현재는 나름대로 합리적인 생산과 소비로 보이는 제품일지라도 좀더 멀리 내다봤을 때 긍정적이지 않은 요소들이 나타날 가능성이 있다면, 그것을 구현하는 것이 옳은 일인가에 대해 엄격하고 신중하게 성찰해봐야 할 것입니다. 이런 부분들이 중요한 요소로 여겨지기에 좋은 디자인을 한다는 게 점점 더 어렵고 까다로워진다고 할 수도 있습니다. 하지만 그만큼 우리의 감각과 지성이 더 가치 있는 일을 향해 나아가는 중이라고 볼 수 있죠.

결국 도시 디자인이란 도시가 가지고 있는 고유한 역사와 문화를 지속가능하게끔 하면서도 한편으로는 끝없이 개선해나가는 창의적 활동을 의미합니다. 우리가 주목하는 것은 이러한 활동이 자연생태와 환경적인 맥락에서 고려돼야 한다는 점입니다. 에코 디자인과 도시 디자인을 함께 말하고자 한다면 그것은 도시가 지속가능한 개발과 발전 속에서 우리 삶을 지탱해주는 공간이라는 것을 전제로 하기 때문입니다. 특히 산업사회와 자본주의의 진전으로 사회구조가 급격하게 바뀌고 생태 환경이 심각하게 왜곡된 부분을 되돌아보면서 도시인들의 삶의 질과 미래에 대한 균형감을 복원하는 일도 놓쳐서는 안 됩니다.

우리나라처럼 압축 성장을 이룬 국가가 만들어온 도시의 모습은 너무 많이 파편화돼 복원이 불가능해 보일 때도 있습니다. 그렇지만 한편으로는 이질성과 조급함이 만들어낸 '날림'을 실험 정신을 가지고 새롭게 치유하고 디자인할 수 있는 무한한 가능성 또한 열려 있다고도 할 수 있습니다. 이제부터는 적어도 개발지상주의적인 발상과 접근만은 멈춰야 합니다. 최근에는 도시 디자인 과정에 공공 디자인을 유기적으로 연결하여 보다 적극적으로 개입하기 위한 노력이 이뤄지고 있습니다. 이것이 '토털 디자인'이라는 개념이죠. 이런 노력 역시 단순히 개발만이 아닌 삶과 미래를 함께 바라보는 종합적 시각을 의미 있게 받아들인다는 증거입니다. 도시의 공간이 만들어내는 사람과 사물과 존재의 관계망을 진정성 있게 바라보면서 이를 새롭게 구축하려는 노력이 필요합니다. 그것이 생태적 지속가능성에 근거하고 건강한 공공성을 실현할 때 그린 어반 디자인이라고 이야기할 수 있을 것입니다.

그래스 버스
회색 도시를 초록으로 물들인다

도시의 녹색 표정을 만드는 움직이는 화분

디자이너 마르코 카스트로 코시오Marco Castro Cosio는 어느 날 문득 황당한 생각을 떠올렸습니다. 그러고는 주저 없이 실천에 옮겼죠. 지붕에 싱싱한 식물이 물결치는 버스를 선보인 것입니다. 스페인 마드리드와 미국 뉴욕에서요. 차체 기술을 개발해 버스의 성능을 높이거나 새로운 에너지 시스템을 만든 건 아니었지만, 사람들은 난생처음 보는 그 버스에 환호했습니다.

그의 발명품은 버스 지붕에서 화초가 자라게 하는 움직이는 화분이었습니다. 한번 상상해보세요. 온통 회색빛 표정을 지닌 건조한 도시에서 지나가는 버스 지붕 위로 총천연색 화초들이 바람에 휘날리는 겁니다. 절로 미소가 지어지지 않나요?

이 일을 상상하는 건 그다지 어렵지 않을 겁니다. 하지만 실제로 그렇게 하려고 한다면 '그게 과연 가능할까? 정말 해볼 만한 일일까?' 하는 의문이 들 겁니다. 우선 화초가 문제입니다. 우리야 바람에 흔들리며 자연의 싱그러움을 선사해주는 그들이 고맙고 사랑스럽지만, 온종일 버스 지붕에서 매연을 뒤집어쓴 채 여행해야 한다면그들 입장에선 얼마나 고역일까요. 그 상태로 과연 며칠이나 갈까요. 금방 시들어버리지 않겠습니까? 그렇지 않아도 많은 것을 제공해주는 화초를 향해 더 내놓으라고 징징대는 것은 아닌지 잠시 멈칫하게 됩니다.

걱정거리는 한두 가지가 아닙니다. '물은 어떻게 주지? 버스가 터미널에 도착하면 그때마다 줘야 하나? 그럼 물 주는 일은 누가 맡아야 하지? 버스 지붕이라 쉽지 않을 텐데? 물의 양을 잘못 조절하면 비가 오듯 흘러내려 창문에 붙은 먼지랑 뒤엉켜 엉망이 될 텐데 어쩌지? 버스가 빨리 달릴 때 흙이 날리거나 꽃잎이 떨어지면 사람들의 불편이 더 커지는 건 아닐까? 버스 위에 흙과 화초가 자리하고 있으니 지붕이 두꺼워져 버스 내부 온도가 올라가는 건 아닐까? 우리 눈이 잠시 시원해지고 기분 좀 좋아지자고 괜한 일을 벌여서 화초와 사람 모두에게 피해만 주는 게 아닌지 염려가 앞서기 마련이죠.

그런데 코시오는 도시에서도 튼튼하게 잘 자라고 바람과 매연과 소음에도 강한 화초에 대해 잘 알고 있었던 것 같습니다. 아니면 고민하는 그를 도와줄 실력 있는 정원사 친구를 뒀을지도 모르죠. 코시오는 버스 지붕에서도 잘 자랄 수 있는 화초를 선정한 다음, 버스 위를 정원으로 만들기 위해 손을 봤습니다. 타원으로 굽어 있는 버스 지붕을 편편하게 하는 공사를 하고 나서, 흙이 바람에 날리는 걸 방지하고 수분을 잘 흡수해 저장할 수 있도록 개량토를 깔았습니다. 그 위에 솔 카펫을 덮었습니다. 잔디처럼 착지성이 좋은 식물이 직물에 단단히 붙어 있는 카펫입니다. 이로써 적은 양의 물을 머금고도 오래갈 수 있는 도시형 토양이 만들어진 겁니다. 그리고 손바닥 한 뼘 크기만 한 바둑판 모양의 사각 철망 구조를 만들어 솔 카펫에 고정한 후, 화초를 옮겨 심었습니다. 그래스 버스의 완성입니다.

이렇게 작업을 마치고 나니까 걱정했던 일들이 대부분 해결됐습니다. 화초의 생태에 대해 잘 모르니 지레 걱정이 앞선 거였습니다.

뒤늦게나마 많은 사람이 도시에서 화초를 기르면서 함께 살아갈 방법을 고민한다는 것도 알게 됐습니다.

여기서 코시오는 한 가지 더 참신한 접근을 합니다. 버스 에어컨을 작동할 때 나오는 물을 지붕으로 끌어 올려 화초에 공급하는 장치를 고안한 겁니다. 정말 기막힌 발상 아닌가요?

이렇게 완성된 그래스 버스는 우리를 깜짝 놀라게 할 선물을 가져다주었습니다. 두꺼운 지붕 때문에 버스 안의 온도가 올라가는 것이 아니라 오히려 내려간 겁니다. 화초가 직사광선을 차단하고 자외선과 복사열을 막아준 덕분에 버스 안의 온도가 오히려 3℃ 정도

낮아진 것입니다. 화초가 지니고 있는 미덕이 또 한 번 느껴지지 않
습니까?

훌륭한 가치를 지닌 디자인 작업이 기술적인 문제 등으로 도중에
중단되는 경우도 많지만, 그래스 버스 프로젝트처럼 처음부터 우리
가 알고 있는 상식의 한계 때문에 시작도 못 해본 채 끝나버리는 일
도 많습니다.
기술적인 부분을 해결하는 것이 프로젝트의 관건이 될 때 우리는

보통 그 일을 시작합니다. 이후 발생하는 기술적인 한계들을 하나씩 극복해나가면서 말이죠. 관리와 경영, 마케팅과 커뮤니케이션 문제 역시 그때그때 상황이 발생하면 이를 해결하기 위해 노력하며 일을 진행해나갑니다. 그렇지만 그래스 버스 같은 경우에는 기술적으로 그렇게 어려워 보이는 프로젝트는 아닙니다. 하지만 상식적으로 뭔가 잘 안 될 것 같다는 느낌이 먼저 들죠. 이처럼 불안한 요소가 쉽게 눈에 띄면 아무리 의미 있고 즐거운 프로젝트라 해도 시작하기가 어려운 법입니다. 이런 맹점을 잘 극복한 사례가 바로 이 프로젝트입니다.

식물은 우리가 아는 것보다 더 튼튼하고 겸손하며 인내심이 많습니다. 우리가 최소한의 환경만 만들어주면 언제든 그에 충분히 보답하는 존재입니다. 그래스 버스는 움직이는 공공예술이기도 하고, 움직이는 그린 랜드스케이프landscape 콘텐츠이기도 하면서, 인간과 다른 생명체의 공존이라는 문제를 고민하게 해주는 가치 디자인 사례입니다.

디지털 구름
구름이 내게 먼저 말을 건넨다

○   **자연을 미디어 아트로**

미국 산호세 공항에는 '이클라우드e-cloud' 라는 이름의 기상 정보 알림 패널이 있습니다. 언뜻 보면 여행객에게 이런저런 기상 관련 정보를 알려주는 평범한 디지털 패널 같습니다. 그런데 자세히 들여다보면 그게 전부가 아닙니다. 도시의 이름이 바뀔 때마다 디지털 픽셀들이 움직이며 다른 그래픽 이미지를 보여줍니다. 패널에는 온도, 습도, 구름의 양, 강수량 등 기후에 대한 다양한 정보가 나타납니다. 유심히 패널을 바라보던 여행객들은 그것이 왜 '디지털 구름'인지 비로소 수긍하게 됩니다. 현지 하늘에 실제로 떠 있는 구름을 디지털 픽셀 이미지들이 실시간으로 보여주는 것이거든요.

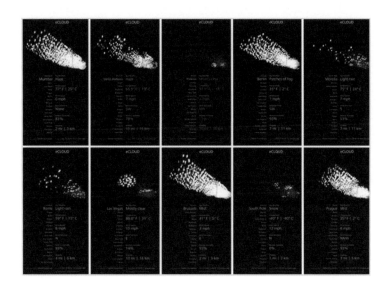

클라우드 콘텐츠는 여기서 끝나지 않습니다. 좀더 커다란 인스톨레이션installation 콘텐츠로 확장됩니다. 이 확장이 가져다준 스케일이 이 클라우드 콘텐츠를 더 멋지고 의미 있는 가치 디자인 작업으로 승화시킵니다. 어떤 건지 알아볼까요?

산호세 공항 복도를 걸어가는 여행객들은 다양한 목적지로 향하고 있습니다. 약간의 정보는 가지고 있겠지만 머잖아 자신이 도착할 곳의 정확한 날씨와 기후가 어떨지 궁금할 겁니다. 이클라우드는 여행객들에게 산호세 공항만의 특별한 추억을 만들어주기로 했습니다. 산호세 공항 측은 수백 장에 달하는 손바닥 크기의 OHP Overhead Projector Panel를 공항 천장에 설치했습니다. 그것만으로도 시선을 압도

하여 독특한 공항 분위기를 만들어냅니다.

잠시 후 그 효과는 더욱 증폭됩니다. 이 OHP들은 복도에 세워진 디지털 정보 패널의 디지털 픽셀 이미지와 연동돼 움직입니다. 여행객들이 도착하게 될 목적지의 구름 모양을 실시간으로 전송받아 그 형태대로 투명과 불투명의 패턴을 형상화하면서 실제 구름의 모습을 표현하는 것입니다. 복도를 걸어가는 여행객들은 수많은 OHP가 다양하게 변하는 모습을 보면서 이곳이 공항이라는 느낌을 더욱 강하게 받게 됩니다. 자신의 목적지 형상이 디지털 정보 패널에 나타나면 몇 시간 뒤에 도착할 곳의 구름 상태를 생생히 감상하게 되는 것이죠. 그걸 본 여행객들은 자신이 이미 그곳에 가 있는 것처럼 느낄 겁니다.

가치를 디자인하라

공항은 어떤 곳인가요? 지금 여기에 있지만 몇 시간 후면 다른 곳에 있게 될 사람이 잠시 머무는 공간입니다. 속성상 유목의 성격을 가지며, 영원함보다는 한시적이고 임시적인 느낌을 주는 곳입니다. 그런데 한편으로, 유목성과 한시성이 끝없이 반복되는 또 다른 차원의 정주와 영원의 공간일 수도 있습니다. 이런 역설적인 공간에서 우리는 어디론가 떠나기도 하고 어디로부턴가 도착하기도 합니다. 공항은 떠나기 위해 머무르고 머물기 위해 돌아오는 양면적인 접촉의 공간입니다. 찰나가 접속하는 공간이자 떠남과 돌아옴이 공존하는 공간이죠. 공항이 스스로 영원한 유목의 속성과 정주의 공간임을 사람들에게 보여주는 것이 바로 이 인스톨레이션 콘텐츠입니다. 어느 먼 곳에 있는 기상 정보가 산호세 공항으로 입력될 때 이곳에 있던 사람들은 얼마 후 각각의 공간으로 출력되듯 도착합니다.

이 작품은 미디어 아티스트이자 디자이너인 니콜라우스 하퍼마스 Nikolaus Hafermass, 에런 코블린Aaron Koblin, 댄 구즈Dan Goods가 협업하여 완성했습니다. 디지털 정보를 미디어 아트로 형상화하는 인터랙션 기반 미디어 아트 계열에 속하는 작업으로 인포메이션 아트information art 라고도 할 수 있습니다. 전화 걸고, 기차 타고, 커피 마시고, 돈을 쓰는 등의 행위와 움직이는 모든 것이 정보로 전환될 수 있죠. 그리고 그 정보는 다시 다양한 매체를 활용하고 기술을 사용하는 시각화 작업으로 새로운 예술적 결과물과 활동들로 나타납니다. 인포메이션 아트는 어떤 유형의 정보를 어떠한 맥락으로 가져오느냐에 따라, 어떠한 시각적 형태와 모습으로 나타나느냐에 따라 작품의 의미와 성공 여부가 결정됩니다. 즉 정보의 성격과 그것이 활용되는 인간 행위의 실천적 맥락, 그리고 예술적 형상화 역량 이 세 가지가 중요한 요소입니다. 산호세 공항의 이클라우드는 공항이라는 접속의 공간에서 성공적인 메타포metaphor(은유)로 전환됐습니다.

공항에서 디지털 구름이 말을 건넵니다. "곧 도착하시겠군요. 내가 있는 이곳에." 기분이 어떠신가요?

ⓒ San Jose Airport • 출처: http://www.ecloudproject.com/

가치를 디자인하라

환경 지킴이 조명
도시의 수질과 공기는 우리가 지킨다

허드슨강의 불빛, 디지털 에코 파크

뉴욕을 중심으로 창의적인 프로젝트들을 수행하는 '더 리빙The Living'
이라는 그룹이 있습니다. 과학과 문화와 환경을 주제로 융합 지식
의 네트워크를 탐색하면서 현실에 영향을 미치는 프로토타입을 기
획하고 만들어내는 창작 집단입니다. 지금 소개할 '35번 부두 에코
파크 리버 글로Pier 35 Eco Park River Glow' 콘텐츠가 바로 이들이 한 작업
입니다.

2007년 어느 날부터 뉴욕의 허드슨강 35번 부두 구역에는 저녁만
되면 어김없이 예쁜 불빛들이 반짝이기 시작했습니다. 그것은 출렁
이는 강물 위를 둥둥 떠다니면서 아름다운 빛을 발하는 전구들이었

습니다. 마치 꿈속에서나 등장할 법한 인공 정원 같기도 했고, 빛나는 꽃처럼 보이기도 했습니다. 이 불빛들은 어느 날은 빨간색으로, 어느 날은 파란색으로 변했습니다. 그리고 시간이 지나면서 사람들은 이 불빛이 그저 불빛만은 아니라는 걸 알게 됐습니다. 사람들에게 시각적 즐거움과 재미를 선사하던 이 불빛은 허드슨강의 수질을 검사하는 LED 전구들이었던 겁니다.

이 전구는 Ph 농도를 측정할 수 있어서 수질이 지나치게 산성 또는 알칼리성으로 변하면 그에 따라 LED의 빛 색깔이 변하도록 만들어졌습니다. 붉은색은 수질이 좋지 않은 것이고, 녹색이나 파란색은 수질이 좋은 것입니다. 전구를 밝히는 에너지는 재충전이 가능한 AA 배터리에서 나오는데, 전구에 부착된 솔라 패널이 낮 동안 태양열을 흡수해 전기를 생산해 공급합니다. 모든 것이 갖춰진 시스템이죠.

환경의 중요성에 대해서는 모두가 공감하지만 일상생활에서 환경 보호를 실천한다는 건 쉬운 일이 아닙니다. 쓰레기를 분리해서 버리고, 물을 아껴 쓰며, 음식을 남기지 않으려 노력하는 정도의 일은 할 수 있겠지만 공공적인 환경 문제에 구체적으로 참여하고 지속적으로 관심을 기울여나가는 건 어려운 일입니다. 아무리 좋은 일이라도 캠페인만으로 원하는 성과를 얻기도 힘들고요. 그런 의미에서 사람들이 오가는 부두에 새로운 표정을 안겨준 이 불빛은 더욱 참신해 보입니다.

물 위에 떠 있는 꽃잎처럼 자연스럽게 존재하면서도 수질을 검사해 도시 환경과 시민의 건강을 지키고, 시각적인 아름다움을 선사하는 동시에 환경에 대한 경각심까지 불러일으키는 이 콘텐츠야말로 눈에 띄는 가치 디자인이 아닐 수 없습니다.

덕분에 뉴욕 시민들은 허드슨강을 바라보며 화려한 야경을 즐기면

서 매일 환경 지킴이 역할까지 하게 된 셈입니다. 이처럼 창의적 아이디어란 별안간 하늘에서 뚝 떨어지는 게 아닙니다. 익숙한 사물들이 점유하는 공간과 쓰임새를 생각하고, 다른 존재 방식은 없는지를 궁리하는 가운데 '이러면 어때?' 하면서 불쑥 고개를 들고 나타납니다. 연구를 통해 그런 아이디어를 실제로 구현해냈을 때 실로 엄청난 성취감을 맛볼 수 있지요. 이렇듯 가치를 디자인하는 일은 곧 창조적 실천인 것입니다.

◉ 서울의 가치 디자인 콘텐츠, 서울타워

가치 디자인이 잘 구현된 사례가 서울에도 있습니다. 바로 서울타워입니다. 얼마 전 남산타워에서 서울타워로 이름이 바뀌었습니다. 서울 시민은 물론 국내외 관광객들이 서울의 경치를 즐기기 위해 자주 찾는 곳이기도 하고, 젊은 남녀들이 서로의 사랑을 확인하는 자물쇠들을 경쟁적으로 걸어두는 곳으로도 유명합니다. 가장 중요한 사실은 서울 대부분 지역에서 서울타워가 잘 보인다는 것입니다.

그런데 혹시 서울타워의 몸통이 매일 밤 예쁜 조명으로 빛난다는 걸 아시나요? 맞습니다. 서울타워의 조명도 허드슨강의 LED 전구들과 비슷한 역할을 합니다. 다른 점이라면 수질이 아니라 공기의 질에 반응한다는 점이죠.

2011년 서울타워를 운영하는 N서울타워와 서울시가 양해각서를 체결했습니다. 서울시로부터 공기의 질을 측정한 데이터를 받아 그 수치에 따라 서울타워의 조명 색깔을 달리하도록 한 겁니다. 1제곱미터 내에 미세먼지가 30마이크로그램 이하일 때는 서울타워 몸체가 파란색으로 변합니다. '청정하다'는 의미입니다. 반면 1제곱미터 내에 미세먼지가 120마이크로그램 이상 되는 시간이 2시간 넘게 지속되면 서울타워 몸체가 붉은색으로 변합니다. '혼탁하다'는 의미죠. 그리고 서울타워 몸체가 초록색일 때는 공기 오염도가 평균치 수준이라는 의미입니다.

서울에도 뉴욕 못지않게 꽤 근사한 가치 디자인 콘텐츠가 있다는 걸 생각하니 서울이 더 멋진 도시로 느껴집니다. 디자인이 갖고 있

는 힘이란 바로 이런 것이겠죠. 삶의 가치가 고양되는 기분을 갖게 되고, 그것이 다시 우리 삶에 새로운 활력과 의미를 만들어주니까요. 생각보다 많은 사람이 아직도 서울타워의 가치 디자인에 대해 모르고 있다는 사실이 좀 아쉽지만 말입니다. 나아가 프로젝션 매핑projection mapping(대상물의 표면에 빛으로 이뤄진 영상을 투사해 변화를 줌으로써 현실에 존재하는 대상이 다른 성격을 가진 것처럼 보이게 하는 기술) 콘텐츠가 서울타워의 옷을 갈아입히고 있다는 사실 또한 잘 알려지지 않은 것 같아 아쉬운 마음입니다.

가치를 디자인하라

드론 라이트 페인팅
나는 기계가 아니라 예술이다

미디어 아트로 우아하게 변신한 드론

어느 날 우리 앞에 '드론drone'이 혜성처럼 나타났습니다. 그러고는 짧은 시간에 아주 익숙한 친구가 됐습니다. 드론은 2000년대 초반 군사용 무인항공기로 개발됐습니다. 정확히 표현하자면 '쿼드콥터quadcopter', 즉 프로펠러가 4개 달린 헬리콥터를 가리키죠. 작은 항공기가 윙윙거리며 날아다니는 모습이 벌이 날아다니는 것과 비슷해 '윙윙거리다'라는 뜻을 가진 영어 단어 '드론'이라는 이름을 얻었습니다. 초창기에 드론은 공군의 미사일 폭격 연습 대상으로 쓰이다가 점차 정찰기와 공격기로 용도가 확장됐습니다. 가벼운 동체에 조종사가 탑승하지 않고도 적군을 파악하여 폭격까지 할 수 있다는 장점이 있어서 미국은 2000년대 중반부터 드론을 군사 무기로 적극 활용해왔습니다.

이렇게 무시무시한 군사 도구였던 드론이 어느 순간부터 각종 물건을 배달하는 깜찍한 운송 기구로 탈바꿈했습니다. 흐름을 주도한 건 아마존입니다. '프라임 에어'라는 이름으로 드론을 활용한 택배 서비스를 상용화하겠다고 발표했죠. 그 후 드론은 우리 곁으로 한층 가까이 다가왔습니다. 이게 불과 3~4년 전의 일입니다. 이후 드론은 방송 장비로도 단단히 역할을 하기 시작했으며 이제는 없어서는 안 될 중요한 촬영 장비로 자리 잡았습니다. 이처럼 빠르게 대중화되면서 드론은 키덜트Kidult, 즉 아이들 같은 감성과 취향을 지닌 어른들의 장난감으로까지 사용되기에 이르렀습니다. 가볍고 조작이 쉬운 리모컨을 이용하며, 스마트 기기로도 조작할 수 있다는 점에서 무서운 속도로 확산된 겁니다. 테크놀로지가 가지고 있는 확

장 가능성과 유연한 수용성은 적용 가능성 또한 무한하다는 사실을 다시 한 번 확인하게 됩니다.

드론을 어떻게 활용할 것인가에 대해 다양한 아이디어가 쏟아져 나오는 요즘, 이미 4년 전에 오스트리아 아르스 일렉트로니카Ars Electronica 에서는 일반인의 상상력을 뛰어넘는 대단한 작업을 시작했습니다. 아르스 일렉트로니카는 과학과 예술이 융합해 새로운 미적·사회적 체험을 할 수 있는 콘텐츠를 만들어내는 일에 많은 관심을 쏟고 있습니다. 또한 그것들을 선도적으로 개발해 사람들에게 보여주기 위한 전시장도 가지고 있죠.

아르스 일렉트로니카는 퓨처랩Future Lab을 운영하는데, 미디어 아티스트로 구성된 이곳 연구원들은 공학적 역량과 예술적 감각을 융합해 놀라운 콘텐츠를 만들어냅니다. 때로는 개인적으로, 때로는 공동으로 다양한 프로젝트를 진행하는 곳이죠. 바로 이들이 49개의 드론에 LED 램프를 달아 스카이 퍼포먼스인 라이트 페인팅을 펼친 것입니다.

다음 그림에 보이는 '스파셀Spaxels'이라는 단어는 '스페이스 픽셀Spece Pixel'을 줄인 말입니다. 스파셀은 1차원과 2차원 디스플레이 매트릭스에 고정되지 않고 3차원의 공간으로 이동할 수 있는 픽셀을 말합니다. 즉 드론들이 자유롭게 날며 하늘을 수놓는 스파셀들이 되는 것이죠.

퓨처랩 연구원들에 의해 완벽하게 제어된 프로그램대로 드론은 한 치의 오차도 없이 일사불란하게 움직이면서 지금까지 전혀 볼 수 없었던 감각적인 스카이 퍼포먼스를 보여주었습니다. 아르스 일렉트로니카가 있는 린츠시의 강변에서 펼쳐진 이 스카이 퍼포먼스는 밤하늘에 LED 램프를 장착한 드론들이 3차원의 공간을 자유롭고 효율적으로 이용하면서 현란하게 펼쳐졌습니다. 위와 아래, 좌와 우, 앞과 뒤를 마음껏 비행하며 밤하늘을 3D 캔버스로 삼아 마치 아름다운 회화 한 점을 완성하듯 드넓은 공간을 유영한 것이지요. 49개의 스파셀이 만드는 다양한 패턴과 움직임은 각양각색의 점, 선, 면으로 변주되면서 환상적이고 역동적이며 시적인 이미지를 연출했습니다. 인문과 기술이 융합한 콘텐츠의 힘을 보여준 것입니다.

가치를 디자인하라

드론의 기술 확장성과 수용 유연성을 최대한 이용한 이러한 선도적인 융합 콘텐츠는 린츠의 밤을 수놓은 것으로 끝나지 않았습니다. 여기서 영감을 얻은 전 세계 전시 기획자들과 공학도들이 드론을 활용한 또 다른 차원의 스카이 퍼포먼스를 펼친 것입니다. 이러한 퍼포먼스들이 실행될수록 인문과 기술의 융합이 더 강화되는 가치 디자인 작업이 수행되곤 했습니다.

시드니에서는 인텔이 자신의 반도체 성능을 홍보하면서 문화 행사인 '비비드 시드니Vivid Sidney'를 개최했습니다. CSR 활동으로 기획하여 웅장한 오케스트라 연주와 함께 100개의 드론 쇼를 펼쳤죠. 또 일본 후지산 앞에서는 일본 전통 악기가 연주되는 가운데 광고사인 마이크로애드MicroAD가 '스카이 매직Sky Magic'이라는 광고 프로젝트를 선보이기도 했습니다.

이 같은 일련의 시도를 통해 스토리텔링을 좀더 촘촘하게 구성하려는 노력이 이어졌습니다. 또한 LED 램프들이 만들어내는 이미지의 상징성과 은유적 표현을 미학적으로 구현해내고자 하는 움직임들도 생겨났습니다. 조형 예술적 표현이 이렇게 공학적 사물과 만나 새로운 감성·지각적 체험을 하게 해준다는 사실은 매우 놀랍고도 반가운 일입니다.

점점 더 많은 공학자와 예술가, 기획자들이 드론을 활용한 스카이

퍼포먼스에 뛰어들고 있습니다. 이들은 더 높은 기술적 완성도와
미학적 성취를 이뤄가고 있습니다. 드론은 전쟁 기계에서 운송 수
단 비행체로, 이어서 방송 촬영 장비와 장난감을 거쳐, 이제는 전
혀 생각지도 못했던 미디어 아트 퍼포먼스 매체로 진화하고 있습니
다. 기술의 확장 가능성이 창조와 융합이라는 키워드를 바탕으로
발전을 거듭하고 있습니다. 머지않아 빛을 활용한 축제나 행사뿐
아니라 다양한 홍보 활동이나 문화 이벤트에도 드론이 활용될 겁니
다. 그러면 황홀한 스카이 퍼포먼스가 훨씬 더 자주 펼쳐질 것이며,
기술도 급속도로 발전하겠지요. 벌써부터 기대되고 설레지 않으신
가요?

괄호 치기 프로젝트
Sign의 힘을 믿어요

시민의식과 함께하는 기호의 힘

일상생활 중에는 누구나 지켜야 하는 공공예절 또는 공중도덕이라는 것이 있습니다. 이를테면 줄 서서 순서 기다리기, 장애인이 아니라면 장애인 주차 구역에 주차하지 않기, 산이나 공원에서 자기 쓰레기 담아 가져오기, 담배꽁초 아무 데나 버리지 않기 등 꽤 많은 사항이 있습니다. 잘 지켜지면 참 아름다운 일이지만, 지켜지지 않으면 서로 눈살을 찌푸리게 되는 일입니다. 혼자만의 힘으로 이뤄지는 일이 아니라 모두가 동참하고 지켜나가야 하는 일이죠.

아예 지켜지지 않는 일을 지키도록 이끌기도 쉽지 않지만, 어느 정도 지켜지는 일을 한 단계 더 나아가게 하거나 공공예절을 더 섬세하게 개선하는 일 역시 어렵습니다. 서울시가 프로젝트팀 '라우드

LOUD'와 함께 시작한 일이 바로 이것입니다. 비교적 잘 지켜지고 있지만 한 단계 더 개선함으로써 보다 성숙한 시민의식을 정착시키기 위한 프로젝트였습니다.

우리는 보통 길에서 순서를 기다릴 때 자연스럽게 생긴 줄에 합류합니다. 줄 맨 뒤에 가서 서는 거죠. 버스나 택시를 기다릴 때도 그렇고, 맛있다고 소문난 식당에 갔을 때나 인기 많은 공연을 보러 갔을 때도 그렇습니다. 문제는 그렇게 차례를 기다리고 있을 때 보행자들과 작은 마찰이 빚어질 수도 있다는 겁니다. 보행자는 길게 늘어선 줄 때문에 가던 길을 주춤거리며 줄 사이에 있는 틈을 찾아야 합니다. 용케 틈이 보이면 그리로 몸을 움직여 지나가야 하죠. 그런데 이때는 틈을 비집고 지나가는 사람도 왠지 모르게 미안하고 불

편하며, 줄을 서 있는 사람도 왠지 모르게 미안하고 불편합니다. 양쪽 다 자신의 당연한 권리를 침해당한다는 느낌과 본의 아니게 다른 사람의 권리를 침해했다는 상반된 느낌을 갖게 되죠. 철학적으로 매우 어려운 주제를 길에서 맞닥뜨리게 되는 겁니다. 이처럼 사람들이 서로 몸을 부딪히고, 기분 나빠하고, 짜증을 내게 되면 가뜩이나 각박한 도시 생활이 더 살벌해질 뿐입니다. 이를 조금이라도 막을 수 있다면 누구에게나 좋은 일이겠죠.

라우드 팀이 나서서 이 쉽지 않은 상황을 해결했습니다. 사인sing을 이용한 작은 실천이었습니다. 바로 '괄호 치기' 프로젝트입니다. 말 그대로 대괄호 '[ ]'를 이용하여 어반 라이프 커뮤니케이션 디자인을 실천한 것입니다.

작지만 큰 외침 ⟳

라우드 팀은 어느 날 퇴근 시간에 남대문과 시청 사이 구간에서 보행자 보도를 가로지르며 길게 줄이 서 있는 곳을 발견했습니다. 그들은 퇴근 시간이 지나길 기다렸다가 스티커로 80센티미터 정도 크기의 괄호를 만들어 보도 바닥에 '] ['모양으로 붙였습니다. 괄호와 괄호 사이에는 조그만 화살표로 '▶ ▶ ▶'처럼 표시해놓았고요. 작업이 끝난 길에는 '] ▶ ▶ ▶ ['와 같은 모양의 기호가 만들어졌습니다.

이렇게 괄호를 만들어놓은 다음 날, 출근 시간과 퇴근 시간에 사람들의 모습을 관찰해보니 뜻밖의 풍경이 연출됐습니다. 줄을 선 사람들은 괄호 사이 공간을 침범하지 않으려 했고, 보행자들은 그 공간으로 통행했습니다. 줄을 선 사람과 길을 가는 사람 사이에 마찰을 빚을 일이 없어진 것입니다. 줄이 잠시 끊어져 있어도 언제든 다시 이어진다는 신호가 된 것이죠. 한 줄로 길게 이어지는 곳을 잠시 괄호로 긋고 공간을 나눈 것인데, 이 행위가 단절을 의미하는 것이 아니라 여유로움을 만들어낸 것입니다.

라우드 팀은 비싼 공익광고나 분주한 캠페인 또는 요란한 구호 하

나 없이 조용하고 효과적으로 도시 생활의 수준을 한 단계 끌어올렸습니다. 자연스럽게 사람들을 자존감 있는 문화 시민의 자리로 옮겨가게 해준 것입니다. 어제까지만 해도 길에서 서로 어깨를 부딪히고, 눈살을 찌푸리며, 거북한 표정을 짓던 사람들이 모두가 공감하는 약속 덕에 좀더 여유로운 도시 생활을 누리게 된 것이죠.

장황하게 기호학적인 해석을 할 필요도 없이 기호가 가지는 합의에 대한 창조적 해석이 기분 좋게 실천된 프로젝트라 하겠습니다. 이 프로젝트를 진행한 라우드 팀의 이름은 'Look over Our society, Upgrade Daily life'에서 앞글자 일부를 조합해 만든 것입니다. 작지만 큰 외침, LOUD. 라우드의 작지만 큰 울림이 있는 프로젝트를 다양하게 만나봤으면 좋겠습니다.

ⓒ 서울시 / Loud 프로젝트 • 출처: https://www.youtube.com/watch?v=3j8jT4jWceg

어린이 보호 스티커 · 내비게이션

아이들이 뛰어놀고 있어요

⊙ **속도를 줄이게 한 실물 크기의 라이프 세이빙 스티커**

교통사고만큼 문명의 이기에 대해 다시 한 번 생각해보게 하는 일도 없을 겁니다. 자동차는 더없이 편리하고 요긴한 문명의 산물이고 여러 가지 합리적 규칙에 따라 운용되는 물체임에도, 이 모두를 비웃듯 한순간에 재난을 가져다주는 것이 바로 교통사고니까요. 특히 차와 차끼리의 사고보다 차와 사람 간의 사고는 치명적인 결과를 초래합니다. 더군다나 희생자가 천진난만한 아이들이라면 안타까움은 이루 말할 수 없지요.

이번에 소개할 콘텐츠는 교통사고 중에서도 특히 어린아이들의 교통사고를 줄이기 위한 노력으로 탄생한 가치 디자인입니다. 그렇다고 해서 대단히 복잡한 기술이나 대규모 캠페인이 등장하는 건 아닙니다. 사람들의 감성에 집중하면서 그에 따른 전략적 효과를 만들어내는 정교한 작업이라고 할 수 있습니다.

먼저 호주자동차안전재단ARSF에서 실천한 가치 디자인 활동을 살펴볼까요? ARSF는 개인 주택이 많이 모여 있는 주거 지역인 퀸즐랜드에서 아이들이 교통사고로 다치거나 생명을 잃는 비극을 줄이기 위해 작은 캠페인을 시작했습니다. 시각적 효과를 집중시키는 스티커를 활용하는 방법이었습니다. 참신한 작업이라고 할 수는 없었지만 스티커를 어디에 붙이는가, 그리고 그것이 어떤 이미지인가 하는 점이 중요했습니다. 평범한 발상인 듯 보이지만 이 작은 차이가 뜻밖에도 놀라운 결과를 낳았습니다.

거리를 사이에 두고 개인 주택이 길게 이어져 있는 지역을 한번 상상해볼까요? 자동차들이 군데군데 주차돼 있고, 각 가정에서 내놓은 바퀴 달린 플라스틱 쓰레기통이 줄지어 서 있는 풍경을 떠올리면 됩니다. 이런 곳에서 아이들이 놀다가 무심코 길거리로 뛰어나가 사고를 당하는 일이 많았습니다. 그렇다고 아이들을 뛰어놀지 못하게 하는 건 적절한 해결책이 아니지요. 이런 주거 지역에서는 자동차들이 서행하는 게 가장 좋은 방법입니다.

ARSF는 거리에 있는 쓰레기통에 주목했습니다. 이 쓰레기통이 꽤 커서 7세 이하 어린이들의 이미지를 스티커로 제작해 붙이면 크기가 딱 맞았습니다. 마당에서 거리를 향해 막 달려나가는 아이들의

이미지가 담긴 스티커를 쓰레기통 한 면에 붙여 거리에 내놓는 겁니다. 이 스티커는 '라이프 세이빙 스티커'라고 불립니다. 단지 이미지에 불과하지만 운전자들에게 주는 경각심은 생각보다 큽니다. 특히 거리로 던져진 공을 잡으려고 오로지 공에만 집중한 채 달려 나가는 아이들의 사진이 눈에 띄었을 때, 운전자들의 인지적 경보 시스템은 평소보다 더 크게 울리기 마련입니다.

캠페인은 큰 성공을 거뒀습니다. 스티커를 붙인 이후 이곳을 지나는 차들 중 80퍼센트 이상이 규정 속도를 지키며 안전하게 운전한 것으로 집계됐습니다. SNS뿐 아니라 방송 매체에서도 크게 호응을 얻으면서 다른 지역 사람들도 스티커를 주문하기 시작했어요. 3일 만에 스티커 10만여 장이 다시 인쇄돼 각 지역의 쓰레기통에 붙여졌습니다. 쓰레기통이 있는 집마다 스티커가 붙은 겁니다. 이 캠페

가치를 디자인하라

인의 성공에 힘입어 멜버른, 시드니 등 호주의 다른 도시들도 전부 이에 동참하는 대단한 성과를 올렸습니다. 인간의 감성을 찬찬히 들여다본 어반 커뮤니케이션 디자인 콘텐츠가 성공적인 가치 디자인을 만들어낸 것입니다.

집중력을 높이는 어린이 목소리 내비게이션

작은 아이디어를 실천해 성공적인 가치 디자인을 만들어낸 사례를 한 가지 더 소개하겠습니다. 이 역시 교통사고를 예방하기 위해 고안된 콘텐츠입니다. 라이프 세이빙 스티커와 다른 점은 아이들의 이미지가 아니라 목소리를 활용했다는 사실입니다. 북유럽에서 사업을 영위하는 보험회사 IF가 스웨덴의 미디어 기획사 포스맨&보덴포스Forsman & Bodenfors와 함께 자동차 내비게이션의 목소리를 어른

에서 어린이로 바꾼 겁니다. 어린이들이 많이 모여 있는 학교나 주거 지역을 지날 때면 자동으로 그 지역에 살거나 그 학교에 다니고 있는 아이들의 목소리가 내비게이션 안내 방송으로 흘러나오게 하는 서비스입니다.

어떤 경우에는 시각보다 청각적 자극이 우리의 인지 시스템에 더 많은 영향을 미칠 수 있다는 점에 주목한 겁니다. 보고 인지하는 것에 비해 듣고 인지하는 것이 속도를 줄이고 주의를 기울이는 데 더 효과적이라는 점에 착안한 것이죠.

아이들이 학교에서 공부를 마치고 특별활동 등으로 시간을 보낸 다음 부모를 기다리는 레저센터 부근이 가장 먼저 선정된 실험 지역이었습니다. 결과는 대만족이었습니다. 실제 내비게이션에서 어린이들의 목소리가 나오자 운전자들은 더욱 경각심을 갖고 주의를 집중했습니다.

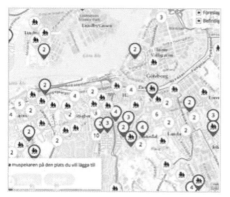 

이 콘텐츠의 성공 소식이 널리 알려지자 수많은 운전자가 어린이 목소리로 안내하는 내비게이션이 필요한 지역과 공간을 적극적으로 알려왔습니다. 덕분에 더 많은 지역의 운전자들이 아이들 목소리로 안내받으며 운전하게 됐다고 합니다. 이 내비게이션은 핀란드와 노르웨이에서도 적용되고 있습니다.

어려운 기술이 필요한 것도 아니고, 아이들의 목소리를 이용해 청각적 자극이 주는 효과를 극대화한다는 아이디어가 무척 참신하다고 생각합니다. 만약 세상 모든 차가 이 내비게이션을 사용한다면 어린이 교통사고가 훨씬 줄어들지 않을까요?

Life Saving Sticker — ⓒ ARSF • 출처: http://www.australianroadsafetyfoundation.com/life-saving-stickers/
Slow Down GPS — ⓒ IF assurance • 출처: https://www.fb.se/work/if/slow-down-gpsc

평소 걸어 다니던 거리에 푸릇푸릇한 식물과 아름다운 꽃이 만발한 그래스 버스가 지나간다면, 무심코 탄 버스가 시원한 화초를 지붕에 가득 실은 그래스 버스라면 기분이 어떨까요? 아마도 우리의 기분은 물론 도시의 표정도 크게 달라질 겁니다. 삭막했던 도시가 하루아침에 숲이나 정원처럼 자연의 일부로 변한 거니까요. 다만, 그것이 단순한 전시행정이나 일회성 이벤트가 아니라 지속적인 프로젝트여야 하겠죠.

그래스 버스가 그린 어반 디자인 콘텐츠에 대해 고민하는 우리에게 주는 의미는 적지 않습니다. 그린과 에코를 통해 도시에 새로운 숨결을 불어넣고 미래 삶의 질과 환경에 대해 인식을 함께하는 일은 생각보다 어렵기 때문입니다. 목청을 높이는 각종 녹색 슬로건은 곳곳에 넘쳐나고, 참신한 아이디어도 많습니다. 하지만 그것만으로는 성공할 수 없습니다. 의도가 좋아서 실천했더라도 그 과정에 더 많은 에너지를 소비하거나 공해를 만들어내거나 자연과 생태계에 좋지 않은 영향을 준다면, 이미 그린 콘텐츠라고 할 수 없으니까요.

때문에 그래스 버스 역시 호불호가 갈리는 프로젝트입니다. 버스 지붕에 풀과 꽃을 심는다고 해서 갑자기 환경과 생태에 대해 관심이 생겨난다고 말하기는 어렵습니다. 하지만 디자이너 코시오는 우리가 식물과 그 생태에 대해 갖고 있는 인식이 편견에 가깝다는 것과 단순히 그들을 인간 중심적인 시각에서만 바라봐왔다는 사실을 깨우쳐주었습니다. 식물과 녹색 환경을 대하는 우리의 태도가 그저 보고 싶어 하는 환경에서만 그들을 바라보고 활용하려 했던 것은 아닌지 자문하게 됐다는 점이 중요하다고 생각합니다.

이클라우드는 구름이라는 자연 현상을 디지털 정보로 전환하고, 그것을 다시 미학적으로 시각화한 콘텐츠입니다. 도시와 도시가 연결돼 지구촌을 만들어가는 상황을 미학적으로 환기시키는 데 탁월한 힘을 가진 콘텐츠라고 생각합니다. 공항에 대한 인문학적 접근도 차분하게 실천됐고, 그 의미를 디자인하는 과정에서도 구름을 과감하게 끌어왔다는 점에서 예술적인 감각이 살아 있습니다. 이런 프로젝트를 실행하기로 한 산호세 공항의 안목도 가치 디자인의 한 축인 것 같습니다. 비교적 적은 에너지로 움직이는 키네틱Kinetic 설치물이라는 점도 주목할 만한 일입니다. 날씨라는 틀에 박힌 정보와 반복적인 생활의 지표를 미학적 대상으로 돌려놓고 확장된 미적 체험을 가능케 하는 프로젝트. 이런 프로젝트가 점점 더 많이 등장하는 것은 도시에 또 다른 '녹색'을 디자인하는 일이 될 겁니다.

우리 곁에 있는 서울타워도 자랑할 만한 창의적 시정입니다. 생각보다 홍보가 되어 있지 않아 모르는 사람이 많다는 점이 아쉬울 뿐입니다. 더 리빙 팀이 실천한 허드슨강 프로젝트도 멋지지만, 서울시가 N서울타워와 협약을 맺고 실천한 이 콘텐츠도 그 못지않게 시민들에게 소박한 자부심을 갖게 합니다. 서울은 역사와 규모로도, 그리고 전 지구적 문화 흐름을 반영하는 곳이라는 점에서도 매우 중요한 도시입니다. 하지만 압축 성장의 모습을 그대로 갖고 있기에 크고 작은 상처가 적나라하게 드러나 있는 도시이기도 하죠. 그만큼 서울은 시민들과 애증의 관계에 있는 것 같습니다. 바로 그 애증의 관계에서 벗어나 다시 한 번 서울을 신선한 시각으로 바라보게 하는 힘이 가치 디자인입니다. 이번에는 불청객인 미세먼지가 그 주인공입니다. 시민들이 정말로 서울타워를 사랑한다면 서울타워의 몸을 붉게 타오르게 하는 일은 하지 않을 것 아니겠습니까? 환경에 대한 건강한 자극으로 서울타워가 항상 푸른색 몸매를 뽐내게 되길 기원합니다.

아르스 일렉트로니카의 라이트 프린팅 콘텐츠도 이런 차원에서 바라볼 수 있습니다. 아마 대부분이 불꽃 축제에 대한 경험이 있을 겁니다. 수많은 도시에서 불꽃 축제를 개최하며 어마어마한 양의 폭죽을 터뜨리곤 합니다. 그러나 아름다운 폭죽을 바라보며 느끼는 황홀함과 즐거움도 잠시, 불꽃이 꺼진 후 남겨진 유해가스와 연진은 고스란히 공해물질이 되지요. 그렇다고 불꽃 축제를 다 없애야 한다는 주장을 하려는 건 아닙니다. 또 다른 대안들을 모색해야 한다는 겁니다. 이런 측면에서 보자면 라이트 프린팅 같은 드론 퍼포먼스가 하나의 대안이 될 수 있습니다. 이는 매우 정교한 집체 운동 알고리즘과 제어 기술을 필요로 하는 콘텐츠입니다. 도시의 밤을 아름답게 할 수 있는 참신한 가치 디자인 작업은 지금도 얼마든지 우리를 놀라게 할 준비가 되어 있습니다.

괄호 치기 프로젝트는 많은 비용과 에너지를 들이지 않고서도 우리 삶의 질과 공동체의 의미를 효과적으로 고민하게 한 가치 디자인입니다. 기호학적으로 기호가 어떤 의미를 갖는지, 우리 의식 속에서 어떤 약속을 수행하게 하는지에 대해 흥미로운 접근을 가능케 한 프로젝트이기도 합니다. 사람의 행동과 태도를 바꾸는 일은 매우 어렵습니다. 개인도 그런 마당에 집단은 더욱 어렵겠죠. 이런 현실을 고려한다면 괄호 치기 프로젝트가 가져온 결과는 기적과도 같습니다. 아무 말도 하지 않았고 어떤 안내나 정보도 없었는데, 사람들이 괄호의 의미를 이해하고 이를 실천에 옮겨 삶의 리듬을 바꿔놓지 않았습니까? 참으로 감동적인 장면이었습니다.

호주의 ARSF가 실천한 라이프 세이빙 스티커 역시 이미지가 가진 힘을 적극적으로 활용한 그린 어반 디자인의 좋은 사례입니다. 어쩌면 도시의 삶에서 필요악처럼 받아들여지는 교통사고도 우리의 노력에 따라 얼마든지 개선될 수 있는 일이라는 점을 새삼 느끼게 해주었습니다. 아울러 이를 실천하는 과정에서 에너지를 최소화하려고 노력한 점도 시사하는 바가 적지 않았습니다. 가장 큰 공신은 운전자들의 직관을 건드리는 이미지였습니다. 사람들의 인식을 개선하는 일은 명분만 가지고는 성공할 수 없지요. ARSF처럼 아이들의 실사 이미지를 활용해 직관적인 통로를 제시한 것은 소중한 경험이었습니다.

어린이 목소리 내비게이션 또한 직관의 힘에 의지한 성공적인 콘텐츠입니다. 주거지와 어린이 보호 구역에서 속도를 줄이는 것은 너무도 당연한 일이지요. 그런데도 실천이 되지 않는 까닭은 주변 환경이 너무나 익숙하기에 자신도 모르게 방심하게 되기 때문입니다. 즉 이성보다는 감각과 직관에 따라 상황을 판단한다는 겁니다. 그러니까 그에 대한 대응 역시 직관적이고 감각적인 방식으로 가는 게 맞는 것이죠. 그린 어반 디자인의 범위를 자연친화적 환경과 청정 대체에너지 등의 주제에만 국한하는 건 좁은 시선입니다. 우리가 살아가는 도시의 여러 문제를 해결하기 위해 지속가능한 구현 방법을 찾는 모든 참신한 노력이 그린 어반 디자인 작업이자 가치 디자인 작업입니다. 우리가 살펴본 사례가 그것을 명확하게 보여주고 있습니다.

value

CHAPTER 3

design

오늘만이 아닌 내일을 사는 법

지속가능성 콘텐츠

한자 문화권에서는 조금 낯선 단어들이 모여 만들어진 '지속가능성 sustainability' 또는 '지속가능발전성'이라는 말은 지구의 환경이 날로 악화되고 이를 극복하기 위한 노력이 많아지면서 강조되기 시작한 개념입니다. 사전적 의미로는 특정한 과정이나 상태를 계속해서 유지할 수 있는 능력을 말합니다. 일반적으로 생물학적·생태적·사회적·문화적·경제적인 가치 사슬과 긴밀히 연결됩니다. 이런 정의로부터 시작된 이 말은 인류가 지구에서 지속적으로 삶을 이어나가야 한다는 데까지 확장돼 광범위하게 사용되고 있습니다.

'지속가능 sustainable'이라는 표현은 1713년 독일의 회계사이자 산림청 감독관이었던 한스 칼 폰 칼로위츠 Hans Carl Von Carlowitz가 《임업의 경제학 Silvicultura Oeconomica》이라는 제목의 저서에서 처음 사용한 것으로 알려져 있습니다. 그는 이 저서에서 자본주의와 대량 생산 체제가 가져오는 개발과 경제 성장 위주의 가치 편향 사태를 비판하고, 그 대안으로 지구 생태계의 보전과 미래 지향적 공존의 가치를 제시했습니다.

그로부터 270여 년 후인 1987년, 세계환경개발위원회WCED가 〈우리 공동의 미래Our Common Future〉라는 유명한 브룬트란트 보고서를 발간하며 지속가능성에 대해 다시 강조했습니다. 그와 함께 어렵게만 느껴지던 학술 용어가 우리의 일상생활 속으로 들어오게 되었습니다. 이 보고서는 환경과 개발 문제를 포괄하는 개념으로서 지속가능한 개발을 장기적이고 범지구적인 의제로 공식화하는 데 결정적 역할을 했습니다. 브룬트란트 보고서에서는 지속가능한 개발을 위해서는 최소한 세 가지를 고민해야 한다고 강조했습니다. 첫째는 환경 보호, 둘째는 사회적 평등, 그리고 셋째는 경제적 성장입니다. 이 세 가지가 삶의 질을 향상시키는 목표와 부합하며 전개돼야 한다는 생각에서 환경적 지속성, 사회적 지속성, 경제적 지속성이 지속가능성의 기본 3요소로 발전하게 됩니다.

그 후 1992년 리우에서 열린 유엔환경개발회의UNCED에서 기후변화협약UNFCCC, 생물다양성협약, 유엔지속가능발전위원회UNCSD 창설, 사막화방지협약 등 굵직굵직한 이슈들에 대해 합의를 이뤄내면서 지속가능성이 인류의 새로운 삶의 패턴으로 자리 잡는 데 커다란 역할을 합니다. 그리고 1997년에 이르러 우리에게 익숙한 교토의정서가 발의됩니다. 전 세계 140여 개국이 참여해 2010년까지 온실가스 5.2퍼센트를 감축할 것을 목표로 했던 기후협약이죠. 어쩌면 독자들은 이 협약의 내용보다 미국과 중국 등이 이행하지 않기로 했다는 뉴스를 더 많이 접했을지도 모르겠습니다. 최근에는 미국 트럼프 대통령이 또 하나의 환경을 위한 조약인 파리조약을 이행하지 않겠다고 하면서 우리를 답답하게 만들기도 했습니다. 환경 문제는 어느 한 나라만 힘써서 될 일이 아닐뿐더러 특히 미국은 환경에 미치는 영향도 큰 나라인데 말이지요.

우리나라에도 2015년에 공포된 지속가능발전법이 있습니다. 제2조 1항을 보면 지속가능성이란 '현재 세대의 필요를 충족시키기 위해 미래 세대가 사용할 경제, 사회, 환경 등의 자원을 낭비하거나 여건을 저하시키지 아니하고 서로 조화와 균형을 이루는 것'이라고 정의돼 있습니다. 국제사회에서 제 몫을 다하고 권리를 실천하는 성숙한 세계 시민 국가가 되기 위해서도, 그리고 우리 국민의 삶의 질을 높여나간다는 차원에서도 지속가능성은 더없이 소중한 개념으로서 우리 생활에 굳건히 자리 잡아야 할 것입니다.

터치드 에코
귀 기울여 깊은 성찰을 느끼다

온몸으로 듣는 소리 ⊙

우리가 알고 있는 대부분의 박물관이나 기념관은 사방이 폐쇄된 독립 공간입니다. 하지만 지금 소개하는 터치드 에코Touched Echo는 실내의 폐쇄된 공간이 아니라 사방이 트인 공간에서 박물관 또는 기념관의 역할을 하는 곳입니다.

독일은 제2차 세계대전 중 저질렀던 엄청난 만행으로 철저하게 가해자 이미지를 가지고 있습니다. 세월이 아무리 흘러도 이 역사적 사실은 변하지 않습니다. 그러나 나치 정권이 일으킨 전쟁으로 무고한 독일 사람들조차 어려움을 겪은 것도 사실입니다. 특히 패망 직전 연합군의 전면 공격으로 독일 사람들은 힘겨운 삶을 이어가야 했습니다.

1945년 2월 13일, 연합군의 공습으로 드레스덴 시민들은 공포에 휩싸였습니다. 굉음과 포성 속에 연합군 비행기가 폭격을 가하며 지나갈 때 사람들은 몸을 웅크린 채 숨을 죽이고 두 손으로 귀를 막는 일 외에는 할 수 있는 게 아무것도 없었습니다. 그저 이 두려움의 시간이 어서 지나가기만을 바랄 뿐이었습니다.

많은 세월이 흐른 2007년, 브륄의 테라스 공원에 모인 드레스덴 시민들은 당시의 상황을 재현하는 체험을 했습니다. 마르쿠스 키슨 Markus Kison이 역사적 사실에 기초한 인터랙션 콘텐츠를 만든 것입니다. 사람들은 테라스 가드레일 위 '13.2.1945'라고 쓰인 표지판이 있는 곳에 팔꿈치를 대고 손으로 귀를 막습니다. 가드레일을 통해 당시 사람들을 공포에 떨게 했던 소리가 진동으로 전해지고, 70여 년 전 그날의 공습과 폭격으로 인한 굉음이 온몸을 휘감습니다. 사람들은 '그때 소년이었을 나의 아버지가 할아버지, 할머니와 함께 이렇게 귀를 막은 채 부들부들 떨었겠구나' 하는 생각에 공포와 연민을 함께 느낍니다.

이들의 눈앞에는 강물이 평화롭게 흘러가고, 도시의 실루엣이 한가롭게 펼쳐져 있을 뿐입니다. 하지만 이 체험을 통해 사람들은 바로 이곳이 제2차 세계대전의 쓰라린 상흔을 지닌 역사적 현장이라는 것을 깨닫게 됩니다. 어떤 전쟁기념관이나 역사박물관보다도 전쟁이라는 것이 얼마나 참혹한 일인지를 조용히, 그리고 명확히 깨우쳐줍니다. 꼭 많은 돈을 들여 웅장하게 지어야만 박물관과 기념관

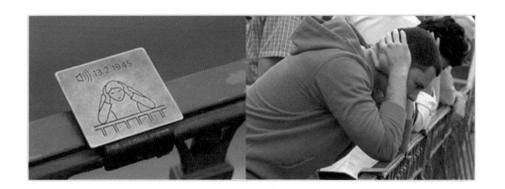

의 소임을 다할 수 있는 것은 아닙니다. 지속가능성에만 주목한다면 얼마든지 다양하게 만들 수 있습니다.

성찰의 계기를 제공하는 터치

이 터치드 에코는 훌륭한 행동 디자인 요소와 역사 스토리텔링 구조, 그리고 잘 조합된 콘텐츠 설계로 높은 비용 수용성을 가지고 있습니다. 공습이 빨리 끝나길 바라며 움츠린 채 귀를 막았던 생존의 몸부림이 후세에 그대로 재현되면서 깊은 성찰의 행동으로 바뀌었습니다. 같은 행위가 70년 시차를 두고 이렇게 다른 의미로 받아들여지는 이곳은 폭격의 현장에서 일종의 예술적 성취와 체험이 생성되는 공간으로 변신한 셈입니다. 또한 자신들이 인류에게 커다란 고통을 주었던 데 대해 참회하는 것 외에도 전쟁의 공포와 참혹함을 깨닫게 한다는 점에서 탁월한 역사 스토리텔링 구조로 되어 있습니다. 게다가 터치드 에코는 외부 공간에 자리하기 때문에 구현 적정성이 높은 지속가능한 디자인의 모습도 잘 보여줍니다.

이 모든 걸 가능하게 한 것은 골진동 음향 재생 시스템입니다. 골진동이란 말 그대로 뼈를 진동시킨다는 뜻입니다. 소리를 청각 시스템을 통해 듣는 것이 아니라 촉각을 통해 받아들이게 되죠. 키슨이 사용한 골진동 음향 재생 시스템은 비교적 적은 에너지를 소비하면서 음원을 계속해서 방출합니다.

테라스 공원에 모인 사람들은 조용히 듣고, 생각하고, 고민합니다. 지금 내 옆에서 뛰놀고 있는 아이들이 누리는 행복과 평온, 그리고 전쟁에 대해서 말입니다.

ⓒ Dresden city • 출처: http://www.markuskison.de/touched_echo.html

가치를 디자인하라

애니멀 디텍팅 보드 · 세이프티 트럭
먼저 보고 알려줄게요

야생동물 로드킬을 예방하는 옥외 전광판 ⊙

첨단 기술로 승부하는 기업일수록 화려한 기술력을 뽐내며 마케팅에 많은 돈을 들이죠. 하지만 지금 살펴볼 프로젝트는 안정적인 기술을 활용하면서 그 기술이 인간과 자연에 더 많은 혜택을 가져다줄 수 있도록 디자인한 사례입니다. 모두 길에서 일어나는 사고를 방지하기 위해 고민한 프로젝트입니다.

먼저 독일의 세계적인 자동차 회사 BMW의 사례를 살펴보겠습니다. 오스트리아에서 일정 기간 실천했던 프로젝트인데요. 녹음이 우거진 숲길을 통과하는 도로에서 로드킬, 그러니까 도로를 횡단하다 차에 치여 죽는 야생동물을 보호하기 위한 활동이었습니다. 로드킬은 운전자의 안전과 직결되는 문제이기도 하죠.

오스트리아에서는 15분에 한 번씩 사슴 같은 동물들이 로드킬을 당한다고 합니다. BMW는 자사 차량에 나이트 비전 모드 카메라와 모니터를 설치해 앞이 잘 보이지 않거나 시야 확보가 어려운 밤길 운전의 안전도를 높이는 기술을 선보였습니다. 미처 보지 못한 사람이나 동물을 미리 식별해 '확장 가시광선' 을 통해 모니터에 보여주는 기술입니다. 물론 결정적인. 판단은 운전자가 해야겠지만, 이 기술로 밤길 운전이 훨씬 안전해졌습니다.

우선 로드킬이 가장 많이 일어나는 도로 주변에 확장 가시광선 카

메라를 설치합니다. 그리고 그 장소로 가는 진입로 부근 옥외 전광판에 그 화면을 실시간으로 보여주는 겁니다. 디지털 모니터인 빌보드 자체가 캔버스 역할을 하는 거죠. 이것이 바로 애니멀 디텍팅 보드입니다.

운전자는 화면을 통해 동물의 출몰 여부를 미리 확인할 수 있기 때문에 서서히 속도를 줄이거나 안전 운행에 필요한 행동을 선제적으로 할 수 있습니다. 눈에 보이지 않는 높은 기술력도 포함됐겠지만, 원리상으로는 매우 단순하고 간단한 솔루션을 이용했다는 점이 중요합니다.

어려운 기술이 우리 삶에 들어오면 우리는 신기해하면서 편리하다고 생각하지만, 한편으로는 뭔지 모를 불안감과 저항감을 갖게 됩니다. '지금 잘 작동되고 있는 건가? 이 기술이 정말 일을 잘해주고 있는 걸까?' 하는 식으로 언제 고장 날지 불안해합니다. 운행 중인 차 앞에서 우발적으로 벌어지는 상황에 대처하는 기술은 특히 신뢰도가 더 중요하지요. 신뢰도를 높이는 데 가장 우선적인 것은 이해하기 쉬운 기술이어야 한다는 점입니다.

옥외 전광판 덕분에 운전자는 로드킬 사고가 많이 일어나는 구역을 먼저 눈으로 살펴보면서 미리 속도를 줄일 수 있게 됐습니다. 며칠 동안 시연 작동을 해본 결과 단 한 건의 로드킬도 일어나지 않았습니다. 대단한 성과죠. 이처럼 지속가능성이란 멀리 있는 어려운 개념이 아니라 우리 생활환경 가까이에 있는 친숙한 개념입니다. 이를 깨닫는 것이 바로 지속가능성에 대한 인식의 출발점이고요.

◉   **차의 눈이 되어주는 추월 사고 예방 트럭**

이와 비슷한 사례로 기술적 안정성과 신뢰도를 바탕으로 한 삼성의
'세이프티 트럭Safety Truck' 프로젝트가 있습니다. 아르헨티나에서는
시간당 한 명꼴로 교통사고 사망자가 발생한다는 통계가 있는데,
그중 80퍼센트가 추월 사고라고 합니다.

아르헨티나의 도로 사정은 그다지 좋지가 않아서 100개의 국도가
왕복 2차선, 즉 편도 1차선 도로입니다. 국토는 넓은데 아직 사회기
반시설이 제대로 구축되지 못해서 그렇습니다. 아르헨티나는 현재
급격한 산업 발달 단계에 있기 때문에 도로에 수많은 화물차가 다
닙니다. 문제는 도로가 좁아 차들이 제 속도를 내지 못하는 일이 허
다하다는 거죠. 견디다 못해 앞에 있는 트럭을 추월하려다 보면 위
험천만한 상황이 벌어지고, 더러는 사망 사고로까지 이어집니다.

삼성 역시 자사 제품을 운반하는 트럭들이 매일같이 이런 교통지
옥을 뚫고 운송 작업을 한다는 사실을 잘 알고 있었습니다. 그래서
추월 사고 예방 트럭 프로젝트를 진행했습니다. 트럭 앞쪽에 무선
카메라를 설치하고 트럭 후면에 4개의 커다란 모니터를 설치했습
니다. 즉 뒤따르는 차들에게 전방 도로 상황을 실시간으로 보여주

는 겁니다. 트럭 뒤에 있는 차들은 커다란 트럭 때문에 볼 수 없었던 전방의 교통 상황을 한눈에 볼 수 있습니다. 뒤 차 운전자가 더욱 안전하게 추월하게 되니 삼성 운송 트럭 운전자도 더욱 안전해지죠.

삼성은 이처럼 도로 상황이 복잡하게 된 데 대한 일정 정도의 책임을 분담한다는 뜻에서 이와 같은 CSR 활동을 시행했습니다. 자사의 최첨단 IT 가전 기술을 활용함으로써 옥외광고의 효과를 얻은 건

덤이고요. 아쉽게도 이 프로젝트는 전면적으로 시행된 것이 아니라 시연 차원에서 그쳤지만 아르헨티나 사람들의 반응은 매우 긍정적이었다고 합니다.

이 두 가지 콘텐츠 모두 안전을 지향하는 프로젝트였고, 이슈 자체가 지속가능성을 함께 고민하게 한다는 데 의미가 있습니다. 사람들의 삶이 빠진 발전이라면, 그게 무슨 의미가 있을까요? 지속가능하지 않은 발전이 우리에게 더 나은 미래를 가져다줄 수 있을까요? 그런 차원에서 이 사례들은 대중적인 기술 원리를 활용한 탁월한 가치 디자인 콘텐츠라고 생각합니다.

Animal Detecting Billboards—ⓒ BMW • 출처: http://goodvertising.site/the-bmw-animal-detecting-billboards/
Safety Truck—ⓒ Samsung • 출처: https://news.samsung.com/global/the-safety-truck-could-revolutionize-road-safety

트리 콘서트
나무의 연주를 들어보셨나요?

자연이 만들어낸 가을밤의 대향연 ○

'프렌즈 오브 디 어스Friends of the Earth: FOE(지구의 벗)'는 1969년 데이비드 브라우어David Brower가 미국 샌프란시스코에서 설립한 환경단체입니다. 핵연료를 이용하는 에너지 사용의 확산을 막기 위해 설립됐으며 그린피스Greenpeace, 세계자연보호기금WWF과 함께 세계 3대 환경보호단체로 꼽힙니다. 1971년부터는 미국, 스웨덴, 프랑스 등 여러 나라가 함께 네트워크를 구축하면서 국제적 단체로 성장했습니다. 현재는 한국을 포함해 40여 개 국가의 각종 환경단체가 협력하면서 반핵연료를 주된 이슈로 지구 살리기 운동을 펼쳐나가고 있습니다.

2012년, FOE의 독일 이름인 분드BUND는 특별한 콘서트 하나를 준비했습니다. 그들은 갈수록 심각해지는 공해와 관리 부실로 베를린에서만 매년 2,000그루의 나무가 죽어가고 있다는 사실에 주목했습니다. 사람들을 위해 산소와 그늘을 제공해주는 동시에 도시에 서식하는 새들과 곤충들에게도 보금자리가 되어주는 나무들이 해마다 그렇게나 많이 사라진다는 것은 심각한 일이었습니다. 도시의 나무들이 급격한 환경 변화에 적응하지 못하고 죽어간다는 것은 현재 우리가 거주하고 있는 도시의 삶 자체가 위협받고 있다는 뜻이기도 합니다. 이에 분드는 사람들에게 환경 보호에 대한 강력한 메시지를 전달하면서 환경단체에 기부하도록 독려하는 프로젝트를 실천했습니다. 지금까지와는 전혀 다른 콘서트로, '트리 콘서트Tree Concert'라는 행사였습니다.

가치를 디자인하라

베를린의 몽비주 파크에 있는 100살이 넘은 밤나무가 이 콘서트의 주인공으로 뽑혔습니다. 물론 나무가 직접 음악을 연주할 수는 없겠지요. 하지만 우리가 지금까지 살펴본 가치 디자인 콘텐츠를 생각해본다면, 그리고 나무들의 생태를 주의 깊게 들여다보면서 창의적인 발상을 한다면 분명 이상적인 인터랙션 디자인 요소를 잡아낼 수 있을 겁니다.

분드의 담당 팀은 9월 초순부터 밤나무에서 떨어지기 시작하는 열매들이 음악을 연주하면 되겠다고 생각했죠. 그들은 고분자 분리막 필름을 기하학적 패턴으로 디자인한 구조물을 밤나무 밑에 빙 둘러 설치했습니다. 이 필름 안에는 밤이 떨어지는 것을 감지하는 센서가 부착돼 있습니다. 나무에서 밤이 떨어지면 그 센서와 연동돼 빛의 색깔이 변하는 LED 램프도 있었죠. 또한 밤이 떨어지며 필름을 건드리면 청아한 건반 음을 내는 센서도 설치됐습니다.

가을이 깊어가는 베를린의 어느 날, 밤나무에서 밤이 떨어질 때마다 아름다운 음악 소리가 들리기 시작합니다. 밤이 많이 떨어지면 떨어질수록 그것은 소리의 향연이 돼 자연이 만드는 콘서트가 되었습니다. 이 음악에 매료된 사람들은 나무 앞에 세워진 포스터의 안내문과 QR코드Quick Response Code를 통해 기부금을 냈습니다.

분드는 일주일 동안 도시 곳곳에 포스터를 붙여 이 트리 콘서트를 홍보했습니다. 그리고 딱 그 기간만큼만 SNS에 홍보하면서 이 캠페인과 프로젝트의 의미를 알리고 기부금을 모금했습니다. 아울러 이들은 기부에 동참한 사람들에게 좀더 특별한 기쁨을 선사하는 데에도 신경을 썼습니다. 기부한 사람들에게 나무가 고맙다는 메시지를 보내도록 한 것입니다. 어떻게요? 나무가 연주한 아름다운 음악을 내려받아 언제든지 들을 수 있도록 한 거지요. mp3 음원의 제목이 'thank you' 입니다. 살면서 나무에게 고맙다는 인사를 받는 사람이 몇이나 될까요. 가슴이 찡해질 만큼 특별한 선물 아닌가요?

음악을 항상 간직할 수 있다는 것은 단순히 음원을 갖게 됐다는 것만을 뜻하지는 않습니다. 음악을 늘 곁에 지닐 수 있다는 것은 우리가 나무를 지키지 못한다면, 환경을 보살피지 않는다면, 이러한 지속가능성 자체를 우리가 더는 향유할 수 없다는 것을 은유적으로 표현하는 것입니다. 우리 가슴에 음악이 남는 것과 환경이 우리와 함께 숨 쉬며 곁에 있어야 한다는 사유가 시적인 메시지를 만들어준 것이죠. 정말 멋진 가치 디자인입니다.

물론 결과는 만족스러웠습니다. 트리 콘서트가 시작되면서 평소의 800퍼센트가 넘는 기부금이 몰렸다고 하네요. 각종 미디어에서 이 프로젝트를 긍정적으로 다루면서 베를린 시민들 모두가 이 콘텐츠를 알게 돼 환경운동에 대한 관심이 높아진 것입니다. 이 프로젝트가 베를린의 인상적인 관광 콘텐츠로 계속해서 자리 잡기를 바라는 아이디어도 많이 제안됐고요. 독일에서 사랑받는 DJ 로베르트 코흐 Robert Koch가 트리 콘서트의 음악을 리믹스해 음원을 발매하여 수익금을 기부하기도 했습니다.

분드의 트리 콘서트를 통해 확인한 것은 우리가 사랑하는 가치 디자인 콘텐츠의 공통점은 문제의식이 명확하다는 점입니다. 또한 인간의 직관적이고 감성적인 부분을 건드리되, 솔루션을 설계하는 과정에서는 지나치게 도덕을 강조한다거나 관념적으로 흐르는 것을 경계하고 최대한 단순하게 미래에 대한 전망만을 보여준다는 것입니다. 이 과정에서 '따로 또 같이'의 가치와 방법이 효과적으로 수행된다면 성과는 더욱 크다는 점 역시 확인됐습니다.

링크 빙고
행운을 부르는 보디 체크

스포츠 관람이 더 즐거워지는 마법 ⊙

"스포츠는 '○○' 이다!" 당신은 여기에 어떤 말을 써넣겠습니까? 열정, 환호, 함성, 용기, 활력 등 여러 가지 단어를 넣을 수 있을 겁니다. 스포츠야말로 인류가 오랫동안 유지해온 생존 욕구, 승부 욕구, 경쟁 욕구라는 본성의 표출 방식이죠. 또한 공동체를 이루는 데 가장 필요한 합리적 규칙과 공명정대한 명분, 그리고 기회 균등이라는 이성적 성격을 조화롭게 융합시킨 대표적 문화 행위라고 할 수 있습니다. 매 경기를 통해 선수와 관중 모두 짜릿한 쾌감을 맛보면서 커다란 깨우침도 얻게 되죠.

링크 빙고RINK BINGO는 스포츠가 갖는 관람 행위의 즐거움을 더욱 높여준 콘텐츠입니다. 2016년 아이스하키 클럽 다보스의 마케팅팀은 머리를 맞대고 궁리하기 시작했습니다. 다보스는 스위스 취리히에 홈구장을 갖고 있는데 경기장 관객이 계속 줄고 있었기 때문입니다. 그 결과 입장 수입은 물론 경기장에 입점한 음식점이나 기념품점의 수입도 감소하는 상황이었죠. 여기에 직접 현장을 찾아가서 아이스하키 게임을 즐기기보다 자기 방에 편안하게 앉아 컴퓨터로 보려는 사람이 더 많아지는 경향 또한 걱정스러웠습니다.

경기장을 찾는 관중에게 뭔가 색다른 즐거움을 선사하고, '이래서 경기는 경기장에 가서 봐야 해'라고 생각하게 할 수 있는 인터랙션 방법은 없을까? 경기장을 찾아준 팬들에게 고마움을 표시할 수 있는 특별한 방법은 없을까? 입점한 상가들이 매출을 올릴 수 있는 방법은 없을까? 고민은 깊어가고 많은 아이디어가 나왔습니다. 우리가 지금까지 가치 디자인을 기획하고 설계할 때 늘 고민한 부분들이 있었죠. 직관적이어야 하고, 바로 이해되도록 간단해야 하며, 즐겁고 유쾌하되 사행적이어서는 안 되고, 사용자들에게 부담을 주는 것은 최대한 지양해야 한다는 것 등입니다. 그들 또한 이 기준을 충분히 고려하면서 콘텐츠를 기획했습니다.

이 고단한 과정을 통해 드디어 모두가 만족할 수 있는 참신한 아이디어가 떠올랐습니다. 이들은 다 같이 외쳤습니다. "빙고!" 하고 말이죠. 실제로 이 기획이 '빙고 게임'을 토대로 만들어진 것이기도 합니다.

사람들은 아이스하키 하면 가장 먼저 무엇을 떠올릴까요? 얼음을 가르는 서늘하면서도 뜨거운 스케이트 소리? 무거워 보이지만 어딘가 단단히 보호되고 있다는 믿음이 가는 운동복? 아니면, 거침없이 부딪치는 강렬한 보디 체크? 마크 지아놀라Marc Gianola가 이끄는 마케팅팀은 그중에서도 보디 체크에 주목했습니다. 이것이 어떤 콘텐츠로 만들어졌을까요?

부딪히면 외쳐라, 빙고!

아이스하키 경기장을 마음속에 한번 그려볼까요? 타원형 링크 양쪽에 골포스트가 있고, 경기장 중심부에 해당하는 직선의 벽이 타원으로 이어지면서 곡선을 그리다가 골포스트를 뒤로 돌아나가며 다

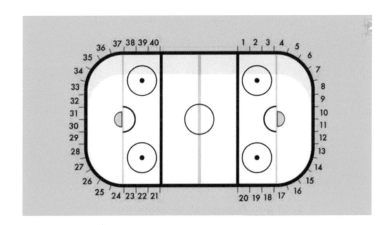

시 직선의 벽으로 이어집니다. 이 중에서 보디 체크가 가장 많이 일어나는 곳은 직선의 벽보다 타원형 벽입니다. 이 양쪽 타원형 벽을 일정한 간격으로 구분합니다. 한쪽 타원 부분에 20개씩, 모두 40개의 공간으로 똑같이 나눕니다.

주로 이곳에서 선수들은 시도 때도 없이 몸을 부딪칠 겁니다. 마케팅팀은 이 40개의 지점에 보디 체크가 일으키는 충격을 감지하는 센서를 설치했습니다. 이 진동은 신호로 변환돼 스마트 기기로 전송됩니다. 이제 경기장을 찾은 관중에게 링크 빙고 앱을 설치하도록 안내합니다. 앱에 접속하면 랜덤 방식의 숫자판이 화면에 뜨면서 빙고 게임이 시작되는 것이죠.

예를 들어 1번 섹터에 쿵 하고 보디 체크가 일어나면, 1번이 숫자판에 올라옵니다. 정말 '빙고!'가 아닐 수 없죠. 랜덤 방식의 빙고 숫자판을 갖게 된 관중은 우발적으로 발생하는 보디 체크가 어느 섹

터에서 일어나는지에 따라 자신의 빙고 판이 채워지는 것을 확인합니다. 경기 관람이 더욱 흥미진진해지겠죠. 링크 빙고는 경기장에 있는 관중만이 아니라 앱을 설치해 접속하는 관객이라면 누구나 참여할 수 있습니다. 당연히 빙고를 외치는 관중이 생겨나겠죠. '빙고 관중'은 그것으로 '1+1' 음료 교환권을 받거나 스낵바 또는 기념품점에서 사용할 수 있는 할인 쿠폰을 받게 됩니다.

링크 빙고는 기대 이상의 성공을 거뒀습니다. 2015~2016 시즌에만 15만여 명의 빙고 관중이 나왔다고 합니다. 음료 매출은 34퍼센트 증가했고, 스낵 음식은 46퍼센트, 팬 숍 매장은 128퍼센트에 달하는 매출 신장을 이뤘습니다. 관중은 경기장을 찾아 더 재미있고 흥미롭게 경기를 즐기게 됐고, 다른 곳에서 경기를 보며 빙고를 얻게 된 사람들은 쿠폰이 생겼으니 경기장을 한 번 더 찾게 돼 입장객 수도 크게 늘어났습니다.

게이미피케이션gamification(게임이 아닌 곳에 게임 요소를 도입하여 흥미와 몰입도를 높이는 것)에서 중요한 것은 행위와 패턴이 얼마나 참신하고 촘촘히 연결되느냐 하는 것입니다. 여기에 지속가능성까지 함께 고민해야 합니다. 지아놀라 팀이 고민한 것은 일회성 마케팅이 아니라 관중을 경기장으로 지속적으로 끌어들일 수 있는 콘텐츠여야 한다는 것이었습니다. 또한 사람들에게 즐거움과 유익함을 선사하는 서비스여야 했습니다. 링크 빙고는 이런 요소를 두루 갖춘 콘텐츠라 할 수 있습니다.

가치를 디자인하라

지속가능성의 영역은 매우 광범위합니다. 좁게 보면 환경과 에너지를 생각하기 쉽지만 넓게 보면 경제와 사회적 자산 전부에 해당합니다. 즉 다음 세대에게 건강하게 물려줄 수 있는 튼튼한 시스템을 고민하는 것이라고 볼 수 있습니다. 우리가 지속가능성이라는 주제 안에 담은 콘텐츠도 이런 고민이 반영된 것들입니다.

터치드 에코 같은 콘텐츠는 적정기술appropriate technology 콘텐츠라는 주제에서 다뤄도 좋은 것이지만 역사와 문화를 대하는 우리의 태도에 대해 성찰할 수 있는 부분이 있어 이 장에 배치했습니다. 박물관과 전시관 또는 기념관을 만드는 것은 역사적 관점에서 바라볼 수 있는 사건과 요소를 미래의 가치와 자산으로 만들기 위한 노력이라고 할 수 있으니까요. 이는 특정한 역사적 사실과 존재를 과거와 현재와 미래의 가치 안에서 종합적으로 고려하는 일입니다.

독일 드레스덴에 설치돼 시민들과 호흡하고 있는 터치드 에코는 이런 지속가능성의 토양 위에 사회적 자산과 문화적 자산이라는 개념을 참신하게 결합한 콘텐츠입니다. 오랜 관행과 굳어진 관습을 깬 것입니다. 굳이 벽을 세워 또 다른 폐쇄적 공간을 만들어야만 기념과 기억의 공간이 된다고 믿는 우리의 관성을 부순 것이죠. 전쟁의 공포를 이겨낸 공간을 현실 공간과 분리된 이질적 존재로 만드는 게 아니라 현재 드레스덴에서 살아가는 시민들에게 바로 그 공간에서 기억을 문화화하고 사회화하도록 한 것이니까요.

로드킬 예방 옥외 전광판인 애니멀 디텍팅 보드와 추월 사고 예방 트럭인 세이프티 트럭은 단연 돋보이는 CSR 프로젝트 중 하나입니다. 우리는 이것을 지속가능성의 관점에서 바라봤습니다. 혼동하지 말아야 할 것은 이 적정기술이 제3세계의 열악한 환경만을 위해 고안된 건 아니라는 사실입니다. 이 두 프로젝트처럼 특정한 환경에 최적화된 기술을 불필요한 거품 없이 솔루션으로 만들어내는 것 역시 훌륭한 적정기술입니다. 이 적정기술을 통해 도시의 지속가능성을 추구하고 실현하는 일처럼 자연스러운 일도 없을 겁니다. 이 두 프로젝트가 반가운 것은 적정기술이 갖는 지속가능성의 문제를 대체에너지에 대한 접근이나 사회적으로 칭송받을 수 있는 관념적인 일이 아닌 매우 구체적인 문제에 집중했다는 점입니다. 완벽한 솔루션을 찾겠다는 강박과 허세를 내려놓고 실제로 구현돼 효과를 얻을 수 있는 일에 집중함으로써 지속가능성의 화두에 차분하고 효과적으로 대응한 콘텐츠입니다.

트리 콘서트는 커뮤니케이션 디자인이나 크리에이티브 소셜 캠페인이라는 성격이 강한 프로젝트입니다. 도시의 가혹한 환경에서 하루하루를 힘겹게 살아가는 나무들에게 '내가 여기 살아 있다'라고 절박하게 외칠 기회를 준 것입니다. '내가 힘들게 살고 있으니, 제발 나를 다시 바라봐 달라'고 하는 나무들의 소리 없는 절규는 곧 사람들이 살아가는 도시 자체의 절규라고도 할 수 있습니다. 이 외침을 무겁고 부담스러운 외침이 아닌 혁신적이고 진정성 있는 외침으로 전환시켜야 했죠. 그것이 바로 나무가 음악을 만들어내는 것이었습니다. 조용히 음악을 연주하며 자신의 존재를 알리는 나무를 생각하는 일은 그것만으로도 '건강한 도시의 삶은 어떤 모습이어야 하는가?'에 대한 무게감 있는 화두가 됩니다. 이 화두가 지속가능성의 개념 안에서 성숙할 때 커뮤니케이션 디자인이나 캠페인의 범위를 자연스럽게 넘어서지 않을까 싶습니다.

지속가능성을 새로운 측면에서 생각하게 해준 링크 빙고 프로젝트도 눈에 띄는 콘텐츠입니다. 스포츠와 게임이라는 것이 어쩔 수 없이 담보하게 되는 사행성을 건전한 동기부여 또는 게이미피케이션으로 승화시키고, 이 힘을 건강한 경제 생태계를 구성하는 에너지로 연결했다는 점에서 혁신적이며 바람직한 공동체 행위라고 생각합니다. 대부분의 스포츠 마케팅이 자극적이고 화려하며 오로지 관중을 더 많이 유치하는 데만 골몰하는 데 반해, 이득이 관중에게 골고루 분배된다는 건 참으로 반가운 일입니다. 바로 이 같은 공생 시스템이야말로 지속가능성이 바라봐야 할 궁극의 지점이 아닐까요?

value

CHAPTER 4

design

거품을 뺀 기술
적정기술 콘텐츠

일반적으로 적정기술이란 일정한 지역과 사회 공동체를 위해 기술적 · 정치적 · 문화적 · 환경적 조건에 최적화된 기술을 활용하여 삶의 질을 높이는 데 기여하는 것을 말합니다. 삶의 질을 높이기 위해서는 일정한 지역의 특수성에 맞는 제품이나 서비스를 고민해 기술을 적용하는 일도 중요하고, 지속적인 경제 활동이나 생산 및 소비 활동이 가능하도록 기술을 적용하는 일 또한 중요합니다.

적정기술로 만들어진 제품 하면 대부분 라이프 스트로Life Straw(휴대용 정수 빨대), 슈퍼 머니 메이커 펌프Super Money Maker Pump(수동식 물 공급 펌프), 물 이동 롤링 튜브, OLPCthe One Laptop Per Child(아이들에게 컴퓨터를 보급하려는 프로젝트) 등을 이야기합니다. 그런데 참신한 아이디어로 많은 호응과 관심을 불러일으켰던 기술이 현지화 과정에서 예기치 않은 문제들에 부닥쳐 일회성 이벤트로 끝나버리는 경우가 많았습니다. 이에 지속가능한 적정기술 콘텐츠에 대해 더 깊은 고민을 하게 됐습니다. '적정'이라는 단어가 갖는 여러 의미 가운데 특정한 지역에 가장 잘 부합하는, 즉 문화적 · 기술적 일체화와 현지화를 전제로 한 지속가능성이 무엇보다 중요하다는 말입니다.

적정기술에 관해 이야기할 때 흔히 '거품을 뺀 기술'이라는 표현을 쓰곤 합니다. 여기서 거품은 자본의 상품성과 마케팅 구조 안에서 불필요한 기술과 장치가 과도하게 강조돼 본래의 목적을 잃어버렸을 때, 제거해도 좋을 기술과 장치를 가리킵니다. 현실적이고 실제적인 맥락에 최적화한 기술을 구현하지 못할 경우에 발생하는 거품을 걷어내는 일은 더없이 중요합니다.

영국의 경제학자 슈마허Ernst Friedrich Schumacher는 거대 자본과 다국적 기업들의 이윤 추구 활동에 기초한 경제 시스템보다는 개체적 삶의 질을 높이는 데 영향을 줄 수 있는 작은 규모의 경제 시스템에 지속가능성의 전망이 보인다고 했습니다. 그는 이를 구체적으로 실현하는 데 기여하는 기술을 중간기술intermediate technology이라고 정의하기도 했습니다. 현실적 관계를 면밀히 관찰하지 않은 채 관념적이고 명목에 치우친 인도주의를 전면에 내세우는 적정기술은 성공하기 어렵습니다. 적정기술을 논할 때는 현실적 이익을 도외시하지 않는 혁신적인 비즈니스 모델과 경영 시스템이 함께 구축돼 지속가능한 의지로 전망을 만들어내는 데까지 나아가야 합니다. 그것이 성공을 위한 필요충분조건입니다.

그래서 적정기술운동이 시작되기도 했습니다. 서구의 첨단 기술과 거대 기술이 아니라 지역의 특성에 맞는 기술이 진정으로 그 지역 주민의 삶을 개선할 수 있다는 생각에서 출발한 운동이죠. 이 운동은 개발도상국에서 기술이 나아가야 할 방향에 대해 진지하게 생각할 수 있게 해주었다는 점에서 의의를 찾을 수 있습니다.

리터 오브 라이트
1.5리터의 불빛, 미래를 밝히다

물병이 전해주는 태양빛

리터 오브 라이트A Liter of Light. 물의 양을 재는 단위인 '리터'가 빛을 뜻하는 단어 '라이트'와 함께 있네요. 시적인 표현일까요? 그럴 수도 있겠습니다. 하지만 시적인 표현을 넘어 실제 있었던 일을 설명하는 말이기도 합니다. 이 프로젝트를 함께 살펴보겠습니다.

필리핀에는 아직도 전기가 들어오지 않거나 형편이 어려워 돈을 내고 전기를 사용할 수 없는 사람들이 많습니다. 대체에너지에 대한 인식 역시 낮아서 집을 밝힐 수 있는 적은 양의 전기라도 다른 에너지로 대체하기가 힘든 상황입니다. 문제는 이런 지역 대부분이 함석지붕으로 된 집이 빽빽이 들어차 있어서 낮에도 집에 빛이 잘 들어오지 않는다는 점입니다. 그래서 집 안이 항상 어둡습니다. 주민들의 삶의 질을 높이는 것이 절실하지만 전기와 같은 덩치 큰 인프라를 구축하는 일은 아무리 실천력이 좋은 NGO(비정부기구)라 하더라도 쉽게 해결할 수 없는 일이죠.

그런데 여기에도 가치 디자인 프로젝트가 실천돼 큰 변화를 가져왔습니다. 브라질의 알프레도 모세르Alfredo Moser가 개발한 적정기술이 사회적 기업의 활동에 접속되면서 기적 같은 일이 벌어진 겁니다. 간단한 원리로 작동하지만 그 결과는 너무도 놀랍습니다.
필요한 재료는 투명 플라스틱 병(콜라병이든 다른 음료수병이든 모두 가능), 함석판(15cm×15cm), 함석판 자르는 칼, 접착제, 표백제, 깨끗한 물이 전부입니다. 이렇게 여섯 가지만 있으면 멋진 전등이 만들어집니다.
먼저 플라스틱 병에 물을 가득 채우고, 표백제 두 스푼을 넣어 뚜껑을 닫고 흔들어서 녹입니다. 그리고 함석판 중앙에 병 둘레에 맞게

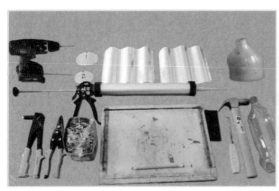

구멍을 내고, 그 구멍에 병을 잘 맞춰서 끼웁니다. 함석판이 병의 위쪽 3분의 1 정도 위치에 오도록 끼운 후에 접착제로 병과 함석이 맞닿은 면을 잘 붙여줍니다. 이것이 전구 역할을 합니다.

이제 그걸 가지고 지붕 위로 올라갑니다. 지붕에 물병이 들어갈 만한 구멍을 뚫고, 방금 만든 전구를 그 구멍에 잘 맞춰 끼워 넣은 뒤 함석판과 지붕을 접착제로 단단히 붙입니다. 이렇게 하면 집 안이 거짓말처럼 환해집니다.

플라스틱 병 속에 든 물이 햇빛을 받으면, 그 빛이 물을 통과하면서 더욱 밝은 빛을 발하는 마술 램프로 변신하는 겁니다. 물에 표백제를 넣는 이유는 이끼가 끼지 않도록 해준다는 점도 있지만, 표백제 안에 든 형광물질이 빛을 더 밝게 해주기 때문입니다. 광원이 물을 통과할 때 모든 방향으로 빛이 산란되는 현상을 활용한 옴니 디렉셔널 미믹킹Omni-Directional Mimicking이라는 적정기술을 활용한 것입니다. 이 전등은 40~60와트에 달하는 빛을 만들어주는데, 이것은 15제곱

가치를 디자인하라

미터의 공간을 환하게 비춰줍니다.

태양 전등이 설치되자 사람들은 무척 좋아했습니다. 집 안이 캄캄
해 항상 밖에서 이런저런 일을 해야만 했던 주부들에게 집은 이제
아늑한 공간이 되었고, 학교에 다녀온 어린이들도 집 안에서 얼마
든지 숙제를 할 수 있게 됐답니다.

이 태양 전등은 2011년 4월, 일락 디아즈Illac Diaz가 마이셸터재단My
Shelter Foundation의 지원을 받아 구현한 가치 디자인입니다. 그는 지역
의 자생적인 생산 모델과 사회적 경제 모델을 위해 기업가 정신을
실천하는 방향으로 움직였습니다. 즉 기부의 형태를 일부 띠고 있
기는 하지만, 태양 전등을 만들기 위해 플라스틱 병을 모으고 전구
를 만들어 설치하는 과정에서 현지인들은 적은 금액이지만 소득을
얻게 되고, 이것이 자연스럽게 지역의 일자리 창출로 이어지기 때
문입니다. '한 지역에, 한 명의 설치자, 한 개의 도구 세트'라는 원
칙을 가지고 실천했는데, 불과 한 달 만에 필리핀 20개 지역에 1만
5,000개를 설치하는 성과를 거뒀습니다.

이러한 활동에 용기를 얻은 마이셸터재단은 이 활동에 관심을 갖는
청년들에게 멘토의 역할을 하게 하고, 이 태양 전등을 자신들이 사
는 지역에 설치하고 싶어 하는 지원자들을 모아 교육하는 '바틀 스
쿨 프로젝트Bottle School Project'를 추진하면서 적정기술 연구와 확산에
더욱 힘을 쏟았습니다. 이에 따라 2014년에는 20만 개의 태양 전등

이 전 세계의 취약 지구에 설치됐습니다. 이 숫자가 2년 만인 2016년에는 100만 가구로 늘었으니 비약적으로 발전하고 있음을 알 수 있습니다.

현지의 자생력으로 이어진 혁신

여기에 또 하나의 놀라운 혁신이 더해졌습니다. 2016년, 바틀 스쿨 프로젝트에 참여했던 필리핀 청년들이 이 태양 전등을 업그레이드한 겁니다. 종래의 태양 전등이 갖는 가장 큰 단점은 오직 낮에만 사용할 수 있다는 것이었는데, 이를 극복할 방법을 찾아냈어요.

태양을 이용하는 것은 같지만 '2세대 태양 전등'은 '1세대 태양 전등'에 솔라 패널과 LED가 추가됩니다. 손바닥만 한 크기의 솔라 패드를 '태양 전등' 위에 부착한 뒤, 솔라 패드에서 내려오는 선에는 만들어진 전기를 모으는 건전지와 새끼손톱만 한 LED 램프를 연결하고, 이 램프를 병 속의 물에 담가두면 모든 설치가 끝납니다. 이렇게 하면 낮에는 햇빛이, 밤이 되면 축적된 전기가 집 안을 밝혀줍니다. 1와트의 전력량이면 이 모든 게 가능합니다. 솔라패드는 이제 가격이 많이 저렴해졌고 LED램프 역시 비싸지 않다는 점을 프로젝트에 적극적으로 활용한 것이지요.

가치를 디자인하라

무엇보다 감동적인 것은 '2세대 태양 전등'을 개발한 주인공이 현지 청년들이라는 점입니다. 처음엔 서구의 NGO로부터 도움을 받아 시작한 프로젝트였지만 이제 지역의 인재들이 이 프로젝트를 자생적으로 끌고 나간다는 뜻이니까요. 이것이야말로 사회적 기업의 보람과 감동을 잘 보여주는 부분입니다. 가치 디자인이 실천되는 과정에서 얻는 감동은 어떤 영화가 주는 감동보다 깊고 넓은 울림이 있는 것 같습니다.

헬프 데스크 · 옐로 솔라 스쿨백
교육 현장에 트랜스포머가 나타나다

❂ **뚝딱 변신하는 트랜스포머 책상-가방**

지금부터 살펴볼 가치 디자인은 가방에 관한 콘텐츠입니다. 학생들의 가방 이야기이니만큼 배움의 기회와 교육에 대한 열정, 그리고 어렵지만 일궈나가야 할 미래에 대한 이야기도 함께 나누고자 합니다. 먼저 인도에 기반을 두고 있는 NGO인 아람브Aarambh가 만든 가방 이야기부터 할까 합니다.

현재 인도에는 교육을 받아야 할 어린이가 무려 1억 3,000만 명에 달하지만 이 중 실제로 학교에 다니는 어린이들은 매우 적습니다. 더욱이 낙후 지역의 학교에는 책상조차 갖춰져 있지 않은 곳이 너무도 많습니다. 이런 열악한 환경에서 공부하다 보니 하루 6시간 이상 학교에 있으면서 책을 읽거나 글을 쓰는 일은 힘겨운 노동에 가

깝습니다. 자세는 점점 나빠지고, 허리나 등이나 무릎 등에 무리가 가서 건강을 해치며, 시력 또한 갈수록 악화됩니다. 부모들의 평균 소득이 시간당 1달러를 넘지 못한다는 현실을 생각하면 이 어린이들에게 더 나은 교육 환경을 마련해주는 일은 요원해 보이기만 합니다. 최소한 책상과 의자만이라도 제대로 갖춰져 있으면 좋으련만 그것조차 쉽지 않습니다.

2013년 아람브는 이렇게 척박한 상황에서도 분명 희망의 불씨는 살아 있을 거라는 믿음을 가지고 야심 찬 프로젝트 하나를 추진합니다. 지금 당장 실천할 수 있는 방법을 찾아서 말 그대로 '구현 가용성 극대화extreme affordability 전략'을 쓰기로 한 것입니다.

이들은 산업 현장에서 제품을 생산하고 남은 포장용 박스에 주목했습니다. 나무로 된 책상을 사용할 수 없다면 어떻게든 다른 방법을 찾아야 한다는 절박한 심정으로 주변을 살피던 중 이 두꺼운 포장용 박스가 눈에 들어온 겁니다. 지속성은 조금 떨어지더라도 가장 적은 비용으로 책상을 만들어낼 수 있는 최적의 재료라고 생각됐습니다.

제작 단계에서는 참신한 스텐실 공법을 활용했습니다. CAD Computer Aided Design(컴퓨터에 저장된 설계 정보를 그래픽 디스플레이 장치로 추출해 화면을 보면서 설계하는 것)로 설계한 박스 평면 도면을 그대로 재단하되, 재단된 면이 완전히 절단되는 것이 아니라 조립식 장난감을 뜯어 조립하듯 어린이들이 뜯어낼 수 있을 정도로 선을 깊게 파는 공법입니다.

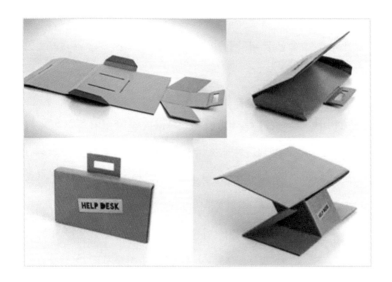

가치를 디자인하라

스텐실 공법을 활용한 이유는 대량 생산 체제에도 적합하고 생산 단가를 낮출 수 있다는 이점이 있기 때문입니다. 또한 박스 한 장이면 책상 하나가 완성되니 운반비용도 줄어들었습니다. 특히, 어린이들에게 자신이 쓸 책상을 스스로 뜯고 분리하며 직접 만들어내는 보람을 줄 수 있어 일석삼조의 효과를 거두게 됐습니다. 공학적 가치가 사회적 가치와 기가 막히게 맞아떨어진 겁니다.

이렇게 해서 프리셋pre-set 박스 책상이 완성됐고, 이 책상은 낙후된 지역 중 한 곳인 마하라슈트라의 한 학교로 보내졌습니다. 선물처럼 도착한 종이 박스를 받아 든 어린이들은 선생님 말씀이 떨어지기가 무섭게 특유의 밝은 눈썰미로 순식간에 책상을 만들어 자기 자리 앞에 놓았습니다. 여기서 책을 읽고 글씨를 쓰니 허리도 덜 아프고 무릎도, 눈도, 손도 훨씬 편안해졌습니다. 수업이 끝난 다음에는 책상을 다시 풀어 이리저리 접고 끼우니 등에 멜 수 있는 가방이 됐습니다. 책상만 생긴 게 아니라 메고 다닐 수 있는 가방까지 생긴 겁니다.

비록 종이 박스에 불과하지만 이 작은 선물 하나로 어린이들은 더 개선된 환경에서 수업을 받을 수 있게 됐습니다. 이 트랜스포머 책상-가방, 즉 헬프 데스크Help Desk 하나를 만드는 데는 20센트도 들지 않았습니다. 대단히 뛰어난 가치 디자인 작업이었고, 구현 가용성 극대화 전략이 잘 구현된 작업이었습니다.

이 같은 성공에 힘입어 다음 해인 2014년에 또 하나의 주목할 만한
가치 디자인 콘텐츠가 탄생했습니다. 인도의 사회적 기업 중 하나
인 프라야스Prayas는 아람브와 똑같은 문제를 해결하기 위해 옐로Yelo
라는 프로젝트에 도전합니다. 어쩌면 조금 더 업그레이드했다고도
할 수 있습니다. 하지만 기존 사례에 의지하면서 쉽게 업그레이드
한 것이 아니라 전혀 새로운 것을 만들어냈다고 해도 될 만큼 참신
하고 독창적인 아이디어였습니다.

헬프 데스크의 재료였던 박스 포장지가 이번에는 생산 단가가 조금
더 드는 가벼운 플라스틱 수지 재질로 바뀌었습니다. 그만큼 책상
이 더 튼튼해졌습니다. 그러면서도 책상이었다가 가방이 되고, 가

방이었다가 책상이 되는 캐릭터는 여전히 유지되었습니다.

여기에 또 하나의 획기적인 적정기술 콘텐츠가 추가됐습니다. 어린이들은 집에 돌아가 숙제를 하려 해도, 전깃불이 없어서 밤이 되면 아무것도 할 수가 없었거든요. 프라야스는 이 문제에 조금이라도 도움을 줄 수 없을까 고민하다가 마침내 해결책을 찾아냈습니다. 아이들이 낮에 학교에 있을 때 태양열을 저장하면 좋겠다고 생각한 겁니다. 학교에서 공부하는 동안 휴대용 솔라 에너지 집적 박스를 햇볕에 놔두었다가 집에 갈 때 가지고 가는 것이죠. 집에 가서 가방을 다시 펴 책상을 만든 다음 솔라 에너지 박스를 가방에 있는 USB 단자에 연결하면 조그마한 LED 전등이 켜집니다. 저장된 태양열로 빛을 발하는 이 전등은 하루 8시간 정도 사용할 수 있다고

하니까 어린이들이 공부하거나 책을 읽는 데는 전혀 부족함이 없습
니다.

옐로는 헬프 데스크에서 아이디어를 얻었지만 그것에 멈추지 않고
또 다른 환경에 맞는 솔루션을 찾아 실천한 창의적 가치 디자인이
라 하겠습니다.

행운의 무쇠 물고기
기특하고 똘똘한 물고기

빈혈을 치료하는 물고기가 나타나다 ⊙

무쇠로 만든 물고기가 기특하게도 빈혈을 치료합니다. 도대체 어떻게 치료한다는 걸까요? 무쇠를 붕어빵처럼 먹을 수도 없는 노릇인데 말이죠.

2011년 프랑스 의사 크리스토퍼 샤를Christopher Charles은 캄보디아를 여행하던 도중 이 나라의 많은 국민이 빈혈에 시달리고 있다는 사실을 알게 됐습니다. 빈혈을 앓는 것도 문제지만 그로 인해 수많은 부작용을 겪고 있어 위험하기 짝이 없었습니다. 여성들은 만성 빈혈과 두통에 시달리고 있었으며, 심한 경우 노동이 불가능할 정도로 병약한 사람들도 있었습니다. 출산 전후 과다출혈로 목숨을 잃을 뻔한 여성들도 있었고, 아이들 역시 영양부족으로 몸이 작고 허약한 데다 정신적으로도 여러 가지 문제를 안고 있었습니다.

전 세계적으로 3,500만 명에 달하는 사람이 빈혈로 고통받고 있는데, 음식물을 통해 필요한 영양분을 제대로 섭취하지 못하는 데 그 원인이 있다고 합니다. 캄보디아 또한 여성과 아이들 절반 이상이 철분 부족에 시달리고 있습니다. 음식을 통해 철분을 더 많이 섭취하는 것이 가장 좋은 해결 방법이지만, 캄보디아의 경제 상황을 고려했을 때 매우 어려운 일이었습니다.

이런 현실 속에서 고민하던 그는 한 가지 묘안을 생각해냈습니다. 정말 간단하면서도 효과적인 방법이었습니다. 묘안이란 바로 한 손에 잡히는 무쇠 뭉치에 있었습니다. 무쇠 뭉치를 음식을 만드는 솥이나 냄비에 넣어주기만 하면 되는 겁니다. 10분만 함께 끓이면 음식을 만드는 동안 철 성분이 녹아 나와 자연스럽게 철분이 많은 음식이 만들어집니다. 무쇠 뭉치를 넣은 솥이나 냄비에 요리를 해서 먹으면 하루에 필요한 철분 섭취량의 75퍼센트를 먹게 된다고 하니 정말 쉬우면서도 경제적인 해결책이었던 겁니다. 적정기술이 따로 있는 게 아니지 않습니까?

샤를 박사는 무쇠 뭉치를 손으로 잡기 편한 직육면체로 만들어 각 가정을 돌아다니면서 이 무쇠 뭉치를 나눠주고 간단히 설명해주었습니다. 그는 이제 많은 사람이 철분 부족에서 벗어날 수 있게 됐다고 생각했습니다. 그런데 전혀 예상치 못했던 일이 벌어져 그의 부푼 희망을 걷어차 버리고 말았습니다. 음식물을 만들 때 이 무쇠 뭉치를 솥에 넣기만 하면 철분을 충분히 섭취할 수 있다고 일러줬지만, 그것도 의사가 하는 말이었지만, 사람들은 그가 건넨 무쇠 뭉치를 사용하지 않았습니다. 철저히 외면당한 것입니다. 설명을 듣기는 했지만 쇳덩어리를 물에 끓여 먹는다는 게 썩 내키지 않았던 겁니다. 현지의 문화와 정서를 깊게 고민하지 못한 콘텐츠는 성공하기가 어려운 법입니다. 이대로 이 프로젝트는 실패로 끝날 뻔했습니다.

막 포기하려는 순간, 그의 머리를 스치고 지나가는 아이디어가 있었습니다. 다름 아닌 물고기였습니다. 캄보디아에서는 물고기가 행운을 상징합니다. 사람들이 무쇠 뭉치의 효능은 인정하면서도 그것을 솥에 넣기가 힘들었다면, 그것은 문화적 이질감에서 오는 것이

분명했습니다.

그는 밋밋한 직육면체 무쇠 뭉치를 귀여운 물고기 모양으로 만들어 다시 사람들을 찾아갔습니다. 행운의 물고기를 가지고 왔노라고 말하면서 말이죠. 이 무쇠 물고기가 당신의 집에 행운과 건강을 가져다줄 테니 이것을 음식물을 조리할 때 같이 넣어서 사용해보라고 했습니다.

결과는 대성공이었습니다. 사람들은 별다른 거부감 없이 이 행운의 물고기를 솥에 넣고 음식을 만들어 온 가족이 맛있게 먹었습니다. 모두가 철분을 섭취하기 시작한 겁니다. 적정기술이 어떤 모습을 가져야 하는지에 대해 큰 깨우침을 선사한 사례입니다.

이 프로젝트는 이후 많은 관심을 불러일으켰습니다. 그 결과 2015

가치를 디자인하라

년에는 가빈 암스트롱Gavin Armstrong이 NGO인 '럭키 아이언 피시Lucky Iron Fish'를 설립했고, 이 단체에서 활동을 이어가고 있습니다. 이들은 성급하게 일을 추진하려 하지 않았습니다. 현지에서 주민들의 삶과 결부된 최적화된 방법과 솔루션을 끌어내고자 고민했습니다. 2015년에만 2,500명의 캄보디아 사람들이 이 무쇠 물고기를 매일 이용했고 그 수는 날로 늘어나고 있습니다.

전 세계에 무쇠 물고기를 기부한다면 　　　　　　　　　　　　　　○

빈혈은 형편이 좋은 서구 선진국에서도 심각한 문제입니다. 잘못된 식습관과 불균형한 식단 탓에 음식물만으로는 철분을 제대로 섭취할 수 없기 때문입니다. 인위적으로 철분을 섭취하기 위해 영양제를 먹기도 하지만 이는 부작용을 동반하기 때문에 좋은 해결책이 아닙니다. 비용도 만만치 않고요. 럭키 아이언 피시는 이것이 단순히 후진국이나 개발도상국만의 문제가 아닌 전 지구적 문제로 보고 새로운 비즈니스 모델을 만들어 대응하기로 했습니다. 행운의 무쇠 물고기를 전 지구인들이 구입해서 사용하는 것입니다.

우선 그들은 무쇠 물고기를 생산하는 일을 통해 지역 주민들의 일자리를 만들었습니다. 광산에서 사고를 당한 장애인들에게도 할 수 있는 일이 주어졌기에 사회적 고용 창출 효과가 적지 않았습니다. 모든 럭키 아이언 피시는 주민들이 운영하는 대장간에서 전통적인

방식대로 손을 사용해 만들어집니다. 특히 리사이클 재료만 엄선해 사용하도록 해 자원을 순환시키는 일도 잊지 않았습니다. 포장을 할 때도 주민들이 직접 현지의 야자수 나무와 잎을 활용해 만든 친환경적인 패키지를 사용합니다.

이렇게 가치 디자인에 성공한 이 단체는 사업을 시작한 지 2년 만에 무려 100만 달러에 달하는 큰돈을 투자받기도 했습니다. 앞으로 5년 후에는 100만 가정에 이 무쇠 물고기를 보급하는 것이 목표라고 합니다.

행운의 무쇠 물고기는 럭키 아이언 피시 홈페이지를 통해 전 세계로 팔려나가고 있습니다. 가난한 나라나 개발도상국에서만 팔리는 게 아닙니다. 잘사는 선진국 소비자들도 많이 구입합니다. 22유로 (약 3만 원)를 지불하면 무쇠 물고기를 사서 다섯 가정에 기부할 수 있습니다. 지구 어느 곳에선가 내가 기부한 행운의 무쇠 물고기를 넣고 요리한 음식을 먹으며 온 가족이 철분을 충분히 섭취하고 있다는 상상을 하는 건 매우 가슴 벅찬 일입니다. 오늘도 럭키 아이언 피시는 빈혈이 과거의 질병이 되는 것을 꿈꾸며 미래를 향해 뚜벅뚜벅 걸어가고 있습니다.

무전력 에어컨
더운 공기를 다독여 시원한 바람으로

전력 없는 쿨링 시스템

방글라데시는 매우 더운 나라입니다. 경제 사정이 좋은 선진국에서는 에어컨이 생활필수품으로 인식되고 있죠. 하지만 에어컨이 정말 필요한 곳은 경제 사정이 좋지 않은 방글라데시 같은 나라입니다. 너무 더워서 낮에는 일상생활이 불가능할 정도이지만, 에어컨을 구입할 형편이 못 되니 참고 견딜 뿐입니다.

이 같은 고단한 현실을 극복하기 위해 아시스 폴Ashis Paul은 전기가 필요 없는 단순하고 저렴한 쿨링 시스템을 만들었습니다. 이것만 해도 매우 획기적인데 그는 한 걸음 더 나아갑니다. 그 지역에서 쉽게 구할 수 있는 플라스틱 음료수병을 활용하는 방식이었습니다. 제작비가 아주 낮아지면서 골치 아픈 쓰레기 문제까지 해결하는 방법이었죠.

폴이 개발한 쿨링 시스템은 '에어 쿨러'라는 이름으로 제작됐는데, 3개월 만에 무려 2만 5,000가구에 공급되는 성과를 올렸습니다. 지금 이 시간에도 에어 쿨러는 '에코 쿨러'라는 이름으로 계속해서 제작되고 설치되고 있습니다.

보도에 따르면 이 에코 쿨러는 세계에서 첫 번째로 등장한 전기 없이 작동되는, 무전력 에어컨입니다. 폴은 방글라데시뿐만 아니라 다른 곳에서도 이 제품이 사용되길 원했습니다. 이에 따라 시민사회단체인 '더 그레이 그룹The Grey Group'이 일을 맡아 다국적 프로젝트로 사업을 이어갔습니다. 이 기술을 이용해 지역 주민들의 삶의 질을 높이고자 하는 사람은 누구든지 얼마든지 기술을 활용할 수 있도록 했습니다. 지금은 국제적 명성을 얻고 있는 사회적 기업인

그라민에서 인텔과 함께 '그라민 인텔 소셜 비즈니스Grameen Intel Social Business'라는 기구를 만들어 이 프로젝트를 수행하고 있습니다.

에코 쿨러의 과학적 원리는 이렇습니다. 우리가 숨을 내쉴 때 입술을 동그랗게 모아 힘 있게 불면 그 바람은 체온이 만든 더운 공기인데도 입 밖으로 나가는 순간 시원한 바람이 됩니다. 공기가 강한 압력에 의해 좁은 통로를 빠져나갈 때는 그 압력으로 인해 공기 중의 열이 빠져나가 서늘한 바람으로 변하는 것입니다. 에코 쿨러는 바로 이 원리를 이용해서 만들어졌습니다.

1. 커다란 판자에 일정한 간격으로 구멍을 냅니다.
2. 플라스틱 음료수병 가운데 부분을 자르고, 병의 입구 쪽을 앞서 준비한 판자의 구멍에 차례로 꽂습니다.
3. 판자의 모든 구멍에 플라스틱 음료수병을 꽂고 나서 접착제를 붙여 떨어지거나 움직이지 않게 잘 고정합니다.

이것으로 에코 쿨러 제작이 모두 끝났습니다. 너무 간단하지요. 그럼 이제 설치해볼까요? 참고로, 방글라데시 시골 마을 대부분의 집은 천장과 벽이 주석으로 만들어져 있습니다. 주석은 가격이 싸고 구하기 쉽지만, 열 전도율이 높다는 점이 이 지역에서는 단점이 됩니다. 해가 뜨자마자 집 안의 온도가 금세 35℃까지 올라가고, 한번 올라간 온도는 잘 내려가지도 않습니다.

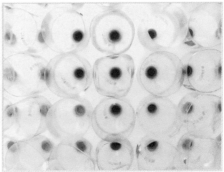

1. 집의 벽 한쪽을 에코 쿨러의 크기에 맞게 잘라냅니다.

2. 잘라낸 공간에 에코 쿨러를 끼워 넣은 다음, 잘 고정되었는지 확인합니다.

설치가 다 끝났습니다. 이 역시 간단하죠? 시원한 바람이 집 안으로 쉬지 않고 들어옵니다. 집 안에 온도 변화가 있는지 살펴볼까요? 45℃였던 온도가 35℃로 10℃나 내려갔습니다.

10℃의 차이로 달라진 삶의 질　　　　　　　　　　　　　　　○

제작과 설치가 너무도 간단하면서 비용 또한 극히 저렴한 이 에코 쿨러는 가난한 사람들의 삶에 하나의 위안을 가져다주었습니다. 더 그레이 그룹의 크리에이티브 디렉터인 자야누이 후크Jaiyyanui Huq는 사우나 같은 집에서 살아가는 사람들의 눈물겨운 현실을 생각하며

밤낮을 가리지 않고 열심히 프로젝트를 실천했다고 합니다. 공감한 팀원들 역시 쉬지 않고 에코 쿨러를 만들어 주민들에게 무상으로 설치해주었습니다.

무전력 에어컨이 처음 디자인된 게 2015년 3월이었고, 첫 완성품이 출시된 게 2016년 2월이었습니다. 이때가 바로 방글라데시에 더위가 시작되는 시기였죠. 적기에 공급된 무전력 에어컨은 많은 가정에 설치돼 찌는 듯한 더위를 이기게 해주었습니다. 현재 그라민 인텔 소셜 비즈니스는 마을에 기술자들을 직접 보내 주민들을 교육하고 그들과 함께 에코 쿨러를 만들어 설치하고 있습니다 에코 쿨러가 더욱 안정적인 공급망을 갖게 된 것입니다.

플라스틱 음료수병은 주변 어디서나 볼 수 있는, 더러는 거리에 나뒹구는 쓰레기에 불과했습니다. 이런 폐품을 이용해 전기 없이 작동되는 에어컨을 만들어 보급함으로써 주민들의 삶을 획기적으로 개선했다는 데 이 콘텐츠의 가치가 있습니다. 여기에는 대단한 과학적 지식이나 기술이 동원된 게 아닙니다. 아주 상식적인 원리가 작용됐을 뿐입니다. 하지만 그 작은 시작이 혁신적인 아이디어로 이어져 적정기술로 탄생하고, 그 적정기술이 현지에서 구하기 쉬운 폐품을 활용하는 방식과 융합되면서 점점 더 가치가 상승한 것입니다.

ⓒ Grameen Intel • 출처: https://www.youtube.com/watch?v=oSbZWNk84F4

가치 디자인에서는 기발한 아이디어도 중요하지만 지속가능성 역시 비중 있게 고려돼야 합니다. 제3세계나 기술이 낙후된 곳에만 적용되는 것이 적정기술이라고 생각할 이유도 없습니다. 이번 장에서 다룬 콘텐츠는 기술 수준이 낮고 자본이 부족한 지역에 적용된 기술이지만, 일정한 상황과 장소에 최적화된 기술이면서도 가소성이 극대화된 것이라면 그리고 기술에 충분히 거품이 빠진 것이라면 모두 적정기술이라고 말할 수 있습니다.

태양 전등 프로젝트는 처음의 발상만이 아니라 진화하는 모습에서도 시선을 끄는 콘텐츠입니다. 1세대 태양 전등은 해가 하늘에 떠 있는 시간에만 집 안을 밝혀주었죠. 이 적정기술 콘텐츠는 여기서 멈추지 않고 2세대 태양 전등으로 진화했습니다. 낮에 솔라 패드로 태양열을 저장해 밤에도 LED 램프를 통해 전구를 밝힘으로써 밤을 낮처럼 활용할 수 있게 된 겁니다. 이 진화가 의미하는 것은 적정기술 콘텐츠가 그 지역과 공간에 최적화된 방법과 기술을 찾아 지속가능성을 추구하는 데 성공했다는 것입니다. 특히 사회적 기업이 운영한 학교 출신 청년들이 이 진화를 이끈 주역이었다는 사실에 큰 의의가 있습니다.

무쇠 물고기 역시 적정기술의 지속가능성을 보여주는 좋은 사례입니다. 지역의 문화와 정서에 대한 섬세한 접근이 기술과 사람, 새로운 문물과 사람의 행위를 밀접하게 연결하는 데 얼마나 중요한지를 잘 보여주는 사례이기도 합니다. 현지에서 일자리를 만들어내면서 지속가능성을 실천했다는 점이 특히 기억에 남습니다. 한 번의 이벤트로 끝나지 않고 지역 주민들에게 계속 체력을 기르고 자립하게 함으로써, 미래를 구상하며 전망할 수 있도록 했다는 것도 중요한 지점이고요. 이 사례는 적정기술이 걸어가야 할 가치 디자인의 길을 제시한 콘텐츠라고 생각합니다.

인도의 NGO인 아람브가 두꺼운 포장용 박스를 활용해 학생들에게 책상과 가방을 동시에 만들어준 적정기술은 가치 디자인의 힘을 제대로 보여준 모범적인 프로젝트입니다. 스텐실 공법으로 박스를 재단하고, 조립해 책상을 만들고, 그것을 다시 가방으로 바꿀 수 있게 한 힘은 숙련된 디자인에서 나왔습니다. 이 만만찮은 패키지 디자인의 내공이 적정기술의 가소성 최적화와 만나 작은 기적을 만든 것입니다. 납작하게 누워 있던 박스가 척척 몸을 만들어 책상이 됐다가 다시 변신해 가방이 되다니요. 이처럼 감동적인 마술이 또 어디 있을까요?

아람브의 헬프 데스크 가방은 프라야스의 옐로 가방으로 진화합니다. 포장용 박스가 지니는 지속성의 한계를 극복하기 위해 플라스틱 수지로 재료를 바꿔 다시 한 번 학생들에게 책상과 가방이 되어준 것이죠. 여기에 솔라 패드와 LED 전등을 활용한 아이디어가 자연스럽게 녹아 들어가 밤에도 공부하고 책을 읽을 수 있게 해주었죠. 아이디어가 항상 세상에서 처음 만들어지는 것이어야 할 필요는 없습니다. 최적화된 공간에서 최적화된 기술을 안정되고 지속적으로 실천할 수 있는 가치 디자인이라면 그것으로 충분하니까요.

과학적 영감과 아이디어에 한계는 없는 것 같습니다. 무전력 에어컨 '일렉트로닉 제로 쿨 에어Electronic Zero Cool Air' 기술을 활용한 에코 쿨러는 공기의 흐름과 관련한 물리학적 원리를 적정기술로 전환한 매우 통쾌한 프로젝트였습니다. 입술을 작게 오므리고 바람을 불 때 시원한 바람이 되어 나온다는 현상을 현실에 적용하고자 한다는 게 쉬운 일은 아닙니다. 그것도 거의 날것에 가까운 과학적 현상과 원리를 말입니다. 그것을 살짝 틀어 현실 문제에 대한 솔루션으로 바꾸는 일은 그 '살짝' 이 안 되는 까닭에 영원히 빛을 보지 못하기도 하니까요. 이 참신한 에어컨은 우리가 요란스럽게 많은 과정을 거치고 거쳐 만들어내는 에너지를 필요로 하지 않습니다. '날것' 으로서의 과학적 원리가 '날것' 으로서의 에너지를 활용하는 적정기술 콘텐츠가 돼 지금도 현지 주민들에게 소리 없이 휴식을 만들어주고 있습니다.

자연 현상으로부터 얻는 실마리와 원리에서 출발하는 혁신이 어쩌면 가장 조용하면서도 존재감 강한 디자인 작업일 수 있듯이, 손으로 주물럭거리며 만들어내던 종이 접기에서 패키지 디자인으로 전환되는 혁신 역시 소박해 보이지만 파괴력 강한 디자인 작업은 아닐까요? 가치 디자인의 혁신은 그렇게 전방위적으로 생성되는 것이 아닐까요?

value
CHAPTER 5
design

사물과 존재를 새롭게 잇는 혁신
커뮤니케이션 디자인

우리는 커뮤니케이션하는 존재입니다. 모든 인간은 살아 있는 한 다른 사람, 사물, 세계와 계속해서 뭔가를 주고받습니다. 심지어 자기 자신과도 끝없이 대화를 나눕니다. 따라서 커뮤니케이션 디자인은 인간의 활동 영역 전체를 포함할 정도로 광범위한 개념입니다. 디자인은 언제나 커뮤니케이션을 기본 원리로 해왔습니다. 다만 그것을 인식하는 데 다소 시간이 걸렸을 뿐입니다. 그러나 요즘 우리가 말하는 커뮤니케이션 디자인이란 이와 같은 넓은 의미의 개념이 아니라 좁은 의미의, 즉 아주 구체적인 차원에서의 디자인을 가리킵니다.

다시 말해서 텔레비전, 모바일 기기, 인터넷, 신문, 잡지 같은 현대 사회의 다양한 커뮤니케이션 매체가 전달하는 정보와 메시지 측면에서 접근하는 것이 바로 커뮤니케이션 디자인이라고 이해할 수 있습니다. 일테면 다음 문제들에 관해 고민하는 작업이지요.

각종 정보와 이미지가 시시각각 홍수처럼 쏟아져 나오는 시대에 어떻게 하면 정보와 이미지를 더 효율적으로 전달할 수 있을까? 어떻게 해야 쉬우면서도 오해 없이 메시지를 전달할 수 있을까? 어떻게 하면 보이지 않는 것의 의미와 이야기를 새롭게 느끼게 할 수 있을까? 제품이나 서비스가 직접 말하는 것뿐만 아니라 브랜드가 갖는 기호와 상징이 사람들에게 말해주는 체험과 의미는 무엇일까? 제품이나 서비스가 갖고 있는 정체성에 맞게 일관된 스토리텔링을 제시하려면 어떻게 해야 할까?

따라서 커뮤니케이션 디자인의 범주에 제품 디자인이나 공간 디자인과 같은 익숙한 디자인과 더불어 아이덴티티 디자인, 정보 디자인, 디지털미디어 디자인과 같은 새로운 디자인 영역이 들어오게 됐습니다. 이렇게 커뮤니케이션 디자인이 다양한 영역과 소통할 수 있게 된 것은 디자인 활동과 작업이 시대의 흐름에 맞게 복합적으로 융합되고 결합되면서 예전처럼 명확하게 영역을 나누기 어려워진 까닭입니다. 동시에 커뮤니케이션이라는 철학적이고 통합적인 개념만이 이들이 거리낌 없이 한데 묶이도록 만들어주기 때문입니다.

이에 따라 커뮤니케이션 디자이너는 여러 가지 이해와 욕구가 상충하는 구체적인 작업 현장에서 자신이 가지고 있는 모든 커뮤니케이션 능력을 유감없이 발휘해야만 합니다. 소비자, 구매자, 고객 등으로 분류되는 사람들의 구매 경향이나 선호도에 항상 민감하게 반응하면서 촉각을 곤두세워야 합니다. 아울러 다른 어떤 직업보다 여러 방면에 조예가 깊은 융합 지식인이 되어야 하며, 사물과 대상 속에서 새로운 가치를 발견해낼 줄 아는 예리한 시선과 충분한 역량을 갖춘 사람이 되어야 합니다. 가치를 창조하는 훌륭한 커뮤니케이션 디자이너가 되는 길은 쉬운 듯하면서도 어렵고, 가까운 듯하면서도 멀기만 합니다.

SNCF 더 도어 프로젝트

마케팅이 곧 커뮤니케이션

사람들은 '여행' 하면 무엇을 떠올릴까요? 학생들과 지인들에게 물어보니 설렘, 휴식, 새로운 세계, 추억, 막연한 두려움과 기대, 새로운 사람들, 행복, 충전 등의 단어들을 많이 답하더군요. 여기에 대부분 사람이 공감하리라 생각합니다.

성공한 광고나 마케팅 가운데 한 가지는 팔고 싶은 제품이나 서비스의 속성 중 어떤 것을 전략적으로 취해 그 속성을 다른 사물이나 현상과 은유적으로 조우 또는 대비시킴으로써 그 결과를 대중이 쉽고 의미 있게 받아들이도록 하는 것입니다. 그러다 보니 조우와 대비 과정에서 명쾌하고 참신하며 흥미로운 은유적 연상을 찾기 위해 많은 노력을 합니다.

프랑스 철도청SNCF에서는 2012년에 은유적 요소가 재미있게 녹아 들어간 광고 프로젝트 하나를 진행했습니다. 공공예술과 광고의 콘텐츠 영역이 경계 없이 허물어지는 흥미진진한 사례라 할 수 있습니다.

많은 사람이 오가는 프랑스 한 도시의 광장에 곱게 색칠한 예쁜 문들이 서 있습니다. 문이 있을 만한 공간도 아니고, 다른 구조물이 전혀 없는 상태에서 오로지 문 하나만 덩그러니 놓여 있는 겁니다. 그런데 가만히 보니 문에는 베를린이나 제네바 같은 유럽의 도시 이름들이 쓰여 있습니다. 사람들은 호기심에 문을 쳐다보면서 발걸음을 멈추기도 하고, 그냥 지나치기도 하며, 가까이 다가가 서성이기도 합니다. 하지만 선뜻 문을 열어보는 사람은 많지 않습니다. 새로운 것에 대한 막연한 두려움 또는 익명의 사람들이 오가는 광장에서 눈에 띄는 행동을 하는 데 대한 부담감 때문일 것입니다. 하지만 친구와 함께라면 용기가 생기겠죠. 과감하게 제네바 문을 열어보는 청년이 나타나자, '못 열어볼 게 뭐람' 하면서 베를린 문을 열어보는 중년 남자도 등장합니다. 그 순간, 신기한 일이 벌어집니다. 제네바라고 쓰인 문을 열어보니 그 시각 제네바 한 호수에서 한가로이 요트를 즐기는 사람이 손을 들어 인사합니다. 피렌체 문을 여니 흥겨운 음악에 맞춰 춤을 추는 청년이 함께 춤추자며 손짓하고, 암스테르담 문 안에서는 자전거를 타고 햇살 좋은 강변을 유유히 가로지르는 아가씨가 보입니다. 브뤼셀 문을 열면 거리의 화가가 어떤 아저씨의 초상화를 그려서 보여주네요.

문 안에는 사람들이 살고 있었고, 모두가 반가운 이웃이었습니다. 문만 열면 언제든 그들을 만날 수 있었습니다. 처음에는 낯설어서 다가가지 못하고 주저했지만 심호흡 한 번 하고 호기심에 충실히 반응한 결과 유럽 이웃 도시들의 새로운 풍경과 세계가 눈앞에 펼쳐진 겁니다. 문 안에서 보게 되는 영상의 마지막 부분에는 "유럽, 문을 열면 바로 있다!Europe, It's Just Next Door!"라는 문구와 함께 SNCF의 로고가 나타납니다.

이 프로젝트에서는 SNCF가 철도회사라는 것을 명확히 정의합니다. '우리는 철도회사다. 유럽의 어느 도시든 기차로 여행할 수 있으며, 우리가 당신들의 안전하고 즐거운 여행을 책임지겠다. 유럽은 바로 옆에 있는, 문만 열면 새롭게 열리는 이웃이다. 당신은 그 문만 열면 된다.' 여기서 여행과 문이라는 은유적 조우와 대비가 생깁니다.

이제 문에 대해서 한번 생각해볼까요? 사람들은 '문' 하면 무엇을 떠올릴까요? 같은 방법으로 물어보니 통로, 닫힘과 열림, 새로운 세계로의 관문, 도전, 연결 등의 답변이 많았습니다. 당신도 공감이 되나요?

여행은 새로운 세계를 경험하는 설레고 행복한 행위입니다. 떠나기 전엔 막연히 두렵기도 하지만 그만큼의 기대가 공존하고, 다녀온 후엔 많은 사람을 만나 쌓았던 행복한 추억으로 더 열심히 살아갈 힘을 얻습니다. 문은 이곳과 저곳을 이어주는 통로이자 관문이고, 한 세계의 닫힘이면서 또 다른 세계로의 열림이며, 공간과 시간의 연결을 가능케 하는 상징적 존재입니다. 여기서 문과 여행의 은유적 조합이 이뤄집니다.

SNCF는 여행을 실현해주는 기차를 뜻합니다. 그리고 이 기차는 두렵지만 설레는 여행을 가능하게 해주며, 이쪽과 저쪽 세계를 이어주는 통로이자, 행복을 만들고 잊지 못할 추억을 선사하는 매체가 되는 거죠. 유럽은 하나의 대륙으로 연결돼 있는 데다 철도망이 발달해 있어 얼마든지 기차 여행이 가능합니다. "문을 열 수 있는 약간의 용기만 낸다면 당신 앞에는 새로운 행복의 순간이 기다리고 있습니다!"라고 길게 설명할 필요가 없는 거죠.

이 광고에서 흥미로운 점은 기차, 여행, 문, 유럽이 은유적으로 긴밀하게 엮여 있다는 것만이 아닙니다. 어렵지 않은 친근한 기술을

활용해서 인문학적 상상력을 공학적 디자인으로 융합해냈다는 점 또한 주목할 만한 일입니다. 핸드폰 화상통화 기술에서 크게 나아가지 않은 이 기술을 우리는 이렇게 적용할 수도 있습니다. 이런 기술을 '일상 상용화 기술Commodotized Technology'이라고 부릅니다. 높은 기술력으로 승부하거나 비싼 기술력으로 솔루션을 찾는 것이 아니라, 그다지 어렵지 않게 활용할 수 있고 그것만으로도 충분히 경쟁력을 갖춘 기술들이죠. 그렇다고 아무나 이 정도 수준의 기술을 활용할 수 있는 것은 아니지만, 적어도 우리는 각자 가지고 있는 전문적 지식을 서로 나누고 협력해 집단지성을 실천할 수 있는 환경에 살고 있다는 말입니다. 성숙한 커뮤니케이션은 인격의 중요한 요소입니다. 인간이 사회를 이루고 살며 오랫동안 훈련해온 인성의 핵심적 부분입니다. 이러한 태도가 일상 상용화 기술 환경에서 더욱 빛을 발할 거라고 생각합니다. 인문, 사회, 예술에 대한 지식과 상

가치를 디자인하라

상력을 가진 구성원들과 이를 공학적으로 구현할 수 있는 엔지니어들이 만나 과거보다는 좀더 수월하고 참신한 방법으로 가치를 디자인할 수 있게 되었으니까요.

상상, 커뮤니케이션 디자인의 원재료 ○

지금 살펴본 콘텐츠는 광고였지만 이것을 광고라고 생각하지 않고 공공의 기능을 수행하는 콘텐츠라고 생각한다면 대단히 멋진 커뮤니케이션 디자인임이 틀림없습니다. 실제 공공적 커뮤니케이션 디자인 작업에 대해 한번 생각해볼까요?

우리는 독도에 관해 더 많은 관심과 사랑을 가져야 한다고 이야기합니다. 그렇지만 실제 눈에서 보이지 않으면 정서적으로 멀어지는 법입니다. 이를 SNCF 프로젝트 식으로 상상해본다면 이런 그림을 연상할 수 있을 겁니다.

어느 날 청계천을 산책하다가 독도라고 쓰인 문을 발견하고 열어봤더니 실시간으로 자신의 생생한 모습을 보여주는 독도가 등장합니다. 잔잔한 파도와 함께 따뜻한 햇볕이 가득한 독도도 있고, 어둡고 무거운 안개가 걷히면서 조용히 모습을 드러내는 독도도 있으며, 어지럽게 비행하던 새들이 이내 질서를 갖춰 찬란한 아름다움으로 변모하는 독도도 있습니다. 얼마든지 다채로운 장면을 상상할 수 있지 않습니까? 이것이 실현된다면 훌륭한 공공 디자인이 되겠죠. 비록 광고를 통해 선보인 커뮤니케이션 디자인이지만 우리는 가치 디자인 아이디어를 얼마든지 상상해낼 수 있습니다.

ⓒ SNCF • 출처: https://www.youtube.com/watch?v=HR5zDFUpF4Y

포스트잇 배너
이런 스토커라면 괜찮아요

배너 광고가 지긋지긋하다면

우리가 인터넷 환경에 둘러싸여 생활한 지도 벌써 30여 년이 되었습니다. 긴 문명의 시간 속에서 보자면 아주 짧지만 그동안 인간의 삶은 너무나 많이 바뀌었습니다. 인터넷에 접속하지 못하고 이메일을 사용할 수 없는 우리의 일상은 이제 상상할 수도 없게 됐습니다. 인터넷 환경에서도 기술이 날로 진화함에 따라 수많은 서비스와 기능이 추가됐습니다.

하지만 언제부턴가 이 수많은 서비스와 기능이 정말 우리에게 필요한 것이라기보다는 광고를 위한, 즉 광고주들이 좋아할 만한 것들이라는 느낌을 강하게 받게 됐죠. 인터넷 검색을 하지 않을 수 없는 사용자들을 볼모로 일방적 희생을 강요하면서 그 결과로 상업적 이득을 얻어가는 일들이 빈번하게 생긴 겁니다. 가족과 함께 인터넷으로 뉴스를 검색하거나 정보를 얻은 적 있는 사람이라면 더욱 공감하리라 생각합니다. 수많은 광고 배너가 번쩍거리는 통에 정신이 하나도 없지 않던가요? 검색이 방해받는 것은 둘째 치고 내용이 너무 선정적이고 적나라해서 자녀들과 함께 검색하려면 여간 불편하지 않았을 겁니다. 그야말로 공해가 따로 없을 지경입니다.

웹 페이지 공간이 이렇게 뻔뻔스럽고 적나라한 이익 추구의 싸움터가 된 것은 매우 안타까운 일입니다. 오랜 역사를 가진 문화적 자원들이 짧은 시간 안에 변질되거나 본래 가지고 있던 고유한 속성이 왜곡되는 것도 속상한 일이지만, 인터넷과 같이 인류가 새롭게 만나고 경험하는 첨단 문화가 이토록 쉽게 건강성을 상실하는 것 역시 가슴 아픈 일입니다. 물론 이 같은 공해 유발 행위들을 제어하고 자정하려는 움직임이 없는 것은 아닙니다. 광고 배너들이 침입하는 것을 차단해주는 프로그램도 있고, 포털 검색 사이트에서도 자체적으로 자정 활동을 벌이니까요.

우리는 문제를 만들기도 하지만 한편으로 문제를 해결하려고 노력하기에 절망하기보다는 희망을 품게 되나 봅니다. 지금 살펴볼 사례 역시 작지만 그런 가치를 디자인하는 콘텐츠입니다. 메모지를 만드는 기업 3M에서 제공하는 웹 페이지 서비스 콘텐츠입니다. 한 기업의 수익 창출을 위한 아이디어이긴 하지만 그 창의적 발상은 충분히 배울 만한 것이기에 함께 알아보고자 합니다.

지금부터 소개하는 콘텐츠는 '포스트잇 배너' 라는 이름을 가진 서비스입니다. 커뮤니케이션 디자인에서 중요하게 작용하는 상징적·은유적 접근 방법이 무척 독특하고 흥미롭게 진행되는 서비스입니다.

방금 이야기했던 광고 배너들, 화면 중간에 텍스트를 자르면서 들어와 시선을 빼앗아가거나, 화면 가장자리에서 지지치도 않고 야단법석을 떠는 배너들을 보며 개발자들은 '메모' 라는 형태 패턴과 사용 패턴을 발견했습니다. 불필요한 광고들이 끈질기게 따라붙으며 우리의 시선을 방해하는 패턴의 속성을 고민해보면, '살짝 붙어서 뭔가를 계속 알리려 한다' 는 행위를 실천하고 있음을 알 수 있죠.

바로 이런 형태 패턴과 사용 패턴에서 '메모' 가 은유로 작용합니다. 은유적 속성으로 같은 행위를 살펴본다면 '살짝 붙어서 뭔가를 계속 알리려 한다' 는 행위에는 가치 판단이 작용하지 않습니다. '알리려 한다' 는 것은 괜찮은데 우리가 그것을 불쾌하게 여긴다는 건, 그 알리려는 '뭔가' 가 행위 주체의 의도와 뜻에 반하거나 어긋나는 것이기 때문에 벌어지는 일입니다. 그렇다면 이 '뭔가' 를 행위 주체에게 도움이 되는 유익한 것으로 대체하면 긍정적인 반응으로 바뀌지 않을까요? 예를 들어 내가 거기에 '뭔가' 를 적어서 그것을 기억할

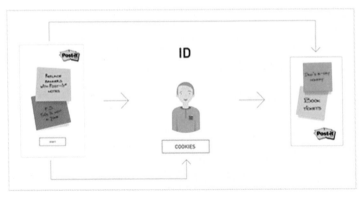

수 있도록 해준다면 어떨까요? 이 경우 '메모'라는 행위를 통해 긍정적인 의미를 얻게 될 것입니다.

3M의 개발자들은 이 점에 주목했습니다. 메모 하면 3M의 '포스트 잇'이 거의 고유명사처럼 쓰이고 있지 않습니까? 그러면 이제 광고 배너들을 메모지로 대체하는 기술적 솔루션이 필요하네요.

그동안 광고 배너들이 우리를 지치지 않고 쫓아다닐 수 있었던 이유는 인터넷에서 우리가 검색하며 돌아다닌 흔적을 컴퓨터가 전부 기억하고 있기 때문입니다. 쿠키 주소라고 하는 그 흔적을 컴퓨터가 잊지 않고 있는데 배너가 따라붙기로 약속이 되어 있는 특정 사이트에 들어갔을 경우 계속해서 우리 뒤를 졸졸 따라다니게 만든 기술입니다.

개발자들은 3M의 사이트로 사용자들을 초대해 자신이 기억하거나 메모하고 싶은 정보를 직접 입력하게 합니다. '금요일에 요가 학원에 전화하는 거 잊지 마', '10시에 거래처에 꼭 연락해', '행복해서 웃는 게 아니라 웃어서 행복한 거야' 등으로 말이죠.

그러면 이 정보들을 기억한 3M 사이트 가상 메모지는 사용자를 쫓아다니는 광고 배너를 밀어내고 그 자리를 차지합니다. 지겨운 광고 배너가 내가 기억해야 할 메모로 바뀐 겁니다. 메모지의 색깔도 다양하게 변한다면 더 재미있겠죠?

정말이지 가치 디자인이 기막히게 실천되지 않았나요? 이렇게 해서 우리는 너무도 집요하게 쫓아다니던 광고 배너를 나에게 필요한 메모로 바꿔 인터넷 공간을 여행할 수 있게 됐습니다.

ⓒ 3M • 출처: https://www.youtube.com/watch?v=1z2o2siRqsk

무빙 QR코드
우리 시대 해시계 마케팅

QR코드는 얼마 전부터 우리에게 친근해진 ICT 기반의 정보 검색 기능 중 하나입니다. 디지털 문화 환경에서 사람들이 스마트폰 같은 모바일 기기를 활발하게 이용하면서 대중화된 기능인데요. 불필요한 검색 과정을 최대한 줄여주기 때문에 정보를 제공하는 쪽이나 얻는 쪽 모두에게 환영받고 있습니다. 그러나 매우 친숙한 기능이라서 그런지 너무 고정적인 방법으로만 QR코드 기능을 이용하고 있는 건 아닐까 하는 생각이 듭니다. 이런 고정관념에서 벗어나 정말 창의적이고 색다른 차원으로 QR코드를 활용하는 콘텐츠를 소개하겠습니다.

국내 대형마트 중 하나인 이마트에서 매출 향상을 위해 기획한 마케팅 콘텐츠입니다. 이마트는 국내 1위의 매출을 자랑하고 있지만 한 가지 고민이 있었다고 합니다. 평일 점심시간인 12시부터 1시까지 약 1시간 동안 매장을 찾는 고객 수가 현저히 떨어진다는 것이었습니다. 지금까지는 이런 상황을 업종 특성상 어쩔 수 없는 한계로 받아들였습니다.

사실 점심시간에 소비자들이 마트 매장을 찾지 않는 이유는 간단합니다. 점심시간은 전업주부들이 장을 보기 위해 마트를 찾는 시간대가 아니며, 성인 소비자들은 직장에서 일을 하다가 밥을 먹으러 나가는 시간대이기 때문입니다. 대개 마트는 아파트와 주택이 밀집한 주거지에 있는 데 반해 직장인들의 일터는 상업 지구에 있기에 대형마트를 방문하기도 어렵고요. 이미 언급한 것처럼 이 문제는 업종의 특성상 받아들여야 하는 취약점이기도 한데요, 기업 차원에서는 당연히 솔루션을 찾고 싶을 겁니다.

어쨌든, 이 문제를 의뢰받은 광고기획사는 다양한 각도에서 고민을 시작했습니다. 그리고 마침내 참신하고도 기발한 아이디어를 제시했습니다. QR코드 카드를 꺼내 든 겁니다. 지금과는 전혀 다른 QR코드를 말이죠.

무빙 QR코드가 주는 선물 ⊙

어느 날, 거리 한쪽에 햇빛 아래 선명하게 보이는 커다란 QR코드 입체 패널이 등장합니다. 양각과 음각으로 촘촘히 만들어져 평면에 인쇄된, 흥미로우면서도 낯설지 않은 입체 QR코드 패널입니다. 이 패널이 설치된 곳은 대형마트가 없는, 즉 직장인들이 점심을 먹으려고 쏟아져 나오는 도심 상업 지구의 거리입니다. 매장을 찾지 않거나 찾을 수 없는 직장인들을 끌어들이겠다는 강한 의지가 읽힙니다.

시간이 흘러 12시가 됩니다. 이 시각, 입체 QR코드 패널은 평면에 인쇄된 QR코드처럼 명확하게 문양이 보입니다. 문양이 명료하면서도 입체적으로 만들어져 있습니다. 소비자들은 거부감 없이 QR코드를 스마트폰으로 찍을 수 있습니다. QR코드를 평면에서 떼어내 입체 패널로 만들어보자는 생각은 간단해 보이지만 콜럼버스의 달걀과도 같은 착상일 수 있습니다.

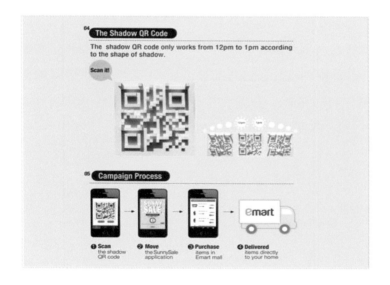

가치를 디자인하라

그러나 이들은 여기서 멈추지 않았습니다. 이 패널은 태양의 움직임에 맞춰 조금씩 자동으로 움직이도록 프로그램된 것이었습니다. 12시부터 1시까지 그날그날 태양의 움직임과 각도에 맞춰 실시간으로 조금씩 움직이면서 햇빛을 직각으로 받아 QR코드가 정확히 스캔될 수 있게끔 섬세하게 제작된 겁니다.

마트의 로고만 있고 스캔해보라는 정도의 간단한 설명만 있는 패널 앞이지만 사람들은 재미 삼아 QR코드를 스캔합니다. 그 순간, 이 대형마트에서 사용할 수 있는 전자 할인 쿠폰이 사용자에게 전송됩니다. 이 쿠폰을 이용해 마트의 온라인 사이트에서 상품을 할인된 가격에 구매하고 배송받을 수 있는 거죠. 물론 아무 때나 이 쿠폰을 사용할 수는 없고 오직 점심시간에만 쓰도록 했습니다. 기업의 수익성을 위해 시작한 프로젝트니까요. 소비자들은 이왕 점심시간이고 별로 힘든 일도 아니니까 전송받은 할인 쿠폰으로 상품을 구매합니다.

결과는 성공적이었습니다. 마트에 갈 수 없는 직장인들에게 점심시간을 이용해 온라인 쇼핑으로 필요한 물품을 구매하도록 권장하는 시나리오가 먹혔던 것입니다. 점심시간마저 소비자들을 놓치지 않으려는 집요한 마케팅 전략이긴 하지만, 그럼에도 새로운 방식으로 고객에게 혁신적인 솔루션을 제공한 이 사례는 UX 디자인과 UI 디자인이 현실에 적절하게 적용된 콘텐츠임은 분명합니다.

우리에게 더 중요한 것은 이런 혁신적인 이벤트의 여러 성공 요인 가운데 가치 디자인의 관점에서 배워야 할 것들을 선별해내는 일입니다. 이 마케팅은 처음 몇 번은 성공적이었지만 지속적으로 이어지지는 못했습니다. 제품을 구매하는 소비자의 행동 패턴은 쉽게 바뀌는 게 아니기에 할인 쿠폰을 준다고 해서 늘 점심시간에만 쇼핑을 한다는 건 어려운 일입니다. 처음에는 호기심을 가지고 입체 QR코드를 스캔했으나 여러 번 반복되면 더는 호기심이나 흥미가 일어나지 않게 되죠. 다만, 평면에 인쇄되는 QR코드의 고정적 공간과 우리의 스캔 패턴을 창의적 발상을 통해 다른 공간의 움직임으로 전환했다는 점, 그리고 그것을 새로운 의미 창출로 연결했다는 점은 충분히 배울 만한 가치가 아닌가 생각합니다.

ⓒ E mart • 출처: https://www.youtube.com/watch?v=EvlJfUySmY0

가치를 디자인하라

실종자 찾기 디지털 보드·안내 방송
'관심'이라는 것에 관심을 갖다

움직임으로 생동감을 입힌 포스터, 킵 호프 얼라이브

벨기에에서는 매년 1,500명이 넘는 어린이의 실종신고가 접수된다고 합니다. 그중 적지 않은 수의 아이들을 찾지 못한 채 몇 년의 시간이 흘러가기도 하고요. 실종된 어린이를 찾아주는 시민단체인 차일드 포커스Child Focus에서는 실종자들의 사진을 포스터로 제작해서 배포합니다. 포스터를 여러 매체에 싣기도 하고, 사람들의 통행량이 많은 곳에 부착하기도 하는 등 실낱같은 희망을 살려보려고 많은 노력을 기울입니다. 그러나 안타깝게도 사람들은 포스터를 보고 지나가면서도 주의를 기울이지 못합니다. 워낙 바쁘게 살아가니까요. 포스터에 담긴 사진 하나하나가 모두 부모들의 소리 없는 외침이겠지만 사람들에게는 그 소리가 들리지 않습니다. 참으로 우울한 장면이 아닐 수 없습니다.

2016년 고민 끝에 차일드 포커스에서는 지금까지와는 조금 다른 새 포스터를 제작했습니다. '킵 호프 얼라이브Keep Hope Alive'라는 이름의 프로젝트로, 3D마스크 기술을 활용해서 포스터를 만든 겁니다. 사진 속 멈춰버린 아이들의 얼굴에 살아 있는 표정을 입힌 포스터입니다. 대부분의 사진은 아이들이 정면을 바라보지 않아 눈을 똑바로 쳐다볼 수가 없고, 어떤 경우에는 눈을 마주치더라도 너무 무표정해서 특별한 느낌을 갖기가 어려웠습니다. 차일드 포커스에서는 미세하지만 확연하게 변화를 느낄 수 있는 사진을 만들어냈습니다. 눈을 깜박이게 한다거나, 미소를 짓게 한다거나, 정면을 응시하도록 각도를 약간 바꾼다거나 하는 방식으로 사진에 움직임을 준 것입니다. 그러자 느낌이 확 달라졌습니다.

바뀐 포스터를 예전과 같이 기차역, 지하철역, 터미널 등에 부착했습니다. 그런 다음 행인들을 관찰했는데, 무심코 지나가던 사람들이 발길을 멈추고 포스터를 살펴보는 것이었습니다. 사람들은 자신과 눈을 맞추거나 미소를 짓는 사진 속 어린이들의 미세한 움직임에 자극을 받았습니다. 그리고 전혀 경험해보지 못했던 감정에 휩싸이게 됐습니다. 물론 차일드 포커스도 사람이 망각의 동물이고 상황에 쉽게 익숙해진다는 걸 모르는 게 아닙니다. 이런 자극도 몇 번 경험하고 나면 사람들은 또다시 무감각해지면서 예전처럼 포스터에 눈길을 주지 않게 될 겁니다. 그러나 그들은 실종된 어린이를

한 명이라도 더 찾기 위해서라면 무슨 일이든 해야만 했기에 멈춰 있던 사진 속 얼굴에 생기를 불어넣는 시도를 한 것입니다.

애초 큰 기대를 갖지 않고 시작한 이 프로젝트는, 그런데 예상보다 훨씬 큰 반향을 불러일으켰습니다. 사진이 주는 강렬한 느낌에 사람들의 마음이 움직였고, 그 덕에 실종된 어린이들에 대한 국민적 관심이 유례없이 높아졌습니다. 언론의 관심 역시 대단해서 모든 매체가 이 이야기를 다뤘다고 합니다. 동영상 조회 수가 200만을 넘었고, 댓글도 640만 개 이상 달렸습니다. 벨기에 인구가 1,100만 명이라는 사실을 고려한다면 대단한 수치임이 틀림없습니다. 기부 금도 40만 유로나 걷혔습니다.

차일드 포커스는 제브리예Gevriye, 나탈리Nathalie, 리암Liam, 릴스Lise, 호

데이Hodei, 마리케Marijke 이렇게 여섯 아이의 전자 포스터를 제작했습니다. 이 아이들의 깜빡이는 눈을 한번 보면, 그 천진무구하고 순수한 눈빛을 누구도 쉽게 잊지 못할 겁니다. 넓게 봐서 이미지 변환 기술에 속하는 3D마스크 기술이 가치 디자인 콘텐츠에 활용될 줄 누가 알았겠습니까. 이처럼 꼭 필요한 환경에 가장 적절한 기술이 제대로 활용되는 놀라운 광경을 볼 때마다 기술이 갖는 의미와 힘에 대해 다시 한 번 생각해보게 됩니다.

방황하는 청소년들에게 사랑을, 샨티 하우스

이제 공간을 바꿔 이스라엘의 텔아비브로 가볼까요? 지금부터 살펴볼 캠페인에서는 청소년들이 주인공입니다. 이스라엘에서는 청소년 25명 가운데 1명가량이 가출을 한다고 합니다. 전체 400만 인구

중 1만 4,000여 명의 청소년이 위험한 도시의 변두리에서 몸 하나 누일 곳 없이 차가운 밤을 보내는 셈입니다. 샨티 하우스Shanti House 는 이들에게 잠자리와 먹을 것, 몸과 마음을 잠시 쉬게 할 공간을 마련해주는 사회단체입니다. 샨티 하우스에서는 세계 어린이의 날을 맞이해서 조금 특별한 캠페인을 했습니다.

쇼핑몰이나 백화점, 놀이동산 등에서 부모에게서 떨어져 길을 잃은 아이들을 볼 수 있습니다. 이때는 스피커를 통해 안내 방송이 흘러나옵니다. "○○○ 어린이의 부모님. 지금 ○○○ 어린이가 미아보호소에서 부모님을 애타게 기다리고 있으니 빨리 와주시기 바랍니다!" 그러면 방송을 들은 부모는 놀란 가슴을 쓸어내리며 미아보호소를 향해 숨 가쁘게 달려갑니다. 이 광경을 본 사람들은 비로소 안도하면서 아이와 부모가 무사히 재회하기를 바라고는 다시 각자의 일상으로 돌아가죠.

그런데 지금 우리가 살펴보는 대상은 잠깐 부모의 눈에서 멀어져 미아가 된 어린이가 아니라 스스로 집을 뛰쳐나온 청소년입니다. 부모와의 갈등이나 무관심 또는 가정 폭력 등 수많은 문제 탓에 가출을 한 것입니다. 샨티 하우스는 그 청소년들이 다시 집으로 돌아갈 수 있도록 청소년과 부모 모두에게 서로를 용서하고 화해할 수 있는 용기와 희망을 주고자 합니다.

샨티 하우스 팀이 청소년을 찾기 위한 캠페인에 사용한 방법은 방금 이야기했던 안내 방송을 하는 것이었습니다. 세계 어린이의 날, 어느 쇼핑몰에서 안내 방송이 흘러나옵니다. 조금은 형식적이고 무덤덤한 내레이터의 목소리로 방송이 시작됩니다.

"다나의 어머니, 다나의 어머니. 지금 다나는 텔아비브 어딘가 길거리에서 배고픔과 절망 속에 살아가고 있습니다. 다나는 집으로 돌아가고 싶어 합니다."

계속해서 방송이 이어집니다.

"아디의 아버지, 아디의 아버지. 지금 아디는 텔아비브의 어느 변두리 동네에서 추위와 외로움에 힘들어하고 있습니다. 아디는 아버지를 용서하고 있고, 아버지도 자신의 잘못을 깨닫기를 원하고 있습니다."

이어서 또 다른 내용의 방송이 전달됩니다.

"아삿의 부모님, 아삿의 부모님. 아삿은 지금 자신의 실수를 반성하고 부모님을 그리워하면서 고통 속에 지내고 있습니다. 용기를 내지 못하는 아삿을 위해 부모님이 용기를 내주시기 바랍니다."
이윽고 "이 방송은 샨티 하우스에서 실제 청소년들의 사례를 바탕으로 캠페인을 하고 있는 것입니다"라는 설명과 함께 방송이 마무리됩니다.

안내 방송에서 익숙한 내용이 흘러나올 것으로 예상하고 있던 사람들은 '어! 이게 뭐지?' 하는 표정으로 어안이 벙벙해집니다. 처음에는 방송 사고나 실수일 거라 생각했지만, 계속되는 방송을 들으며 이 상황이 주는 역설적인 비극과 사태의 엄중함을 깨닫게 됩니다. '한때 잠시 손을 놓친 아이를 찾으러 달려가던 내 모습은 어디로 가고, 그 아이가 커갈수록 서늘한 갈등으로 날을 세우며, 사랑과 관심이 아닌 증오와 무관심으로 서로에게 상처를 주는 우리가 됐을까? 먼저 미안하다고, 먼저 사랑한다고 이야기하는 것이 뭐가 어려워서 이렇게 하루하루를 바보처럼 지내게 됐을까?'

Assaf has now been waiting for you for so long

hungry and tired in the streets of Jerusalem

사람들은 저마다 동요하며 충격을 받습니다. 중대한 삶의 문제 앞에서 위기와 결단의 순간을 공유하는 것이죠. 무심코 쇼핑몰을 방문했던 사람들은 뜻밖의 방송을 통해 그저 남의 일이라고만 여기던 것을 바로 나 자신의 문제로 인식하며 삶을 되돌아보게 됩니다.

이 프로젝트는 특별한 기술을 활용하진 않았지만 매체와 인간 행위에 대한 진지하면서도 차분한 접근을 통해 커뮤니케이션 디자인 콘텐츠가 추구해야 할 사회적 기능과 역할에 대해 많은 것을 생각하게 해줍니다.

방송이 나간 후 이스라엘 전 언론 매체가 이 캠페인을 다뤘습니다. 큰 사회적 반향과 사람들 간에 활발한 토론이 뒤따랐습니다. 샨티하우스에도 평소보다 30퍼센트나 많은 기부금이 모였고요. 지금 이 순간에도 실종된 어린이가, 가출 청소년이 한 명이라도 더 포근한

가치를 디자인하라

가정의 품에 다시 안긴다면 얼마나 좋을까 하는 마음입니다. 텔아
비브의 쇼핑몰에서 직접 방송을 들은 것은 아니지만, 벨기에의 도
시에서 아이들이 미세하게 움직이는 포스터를 직접 보지는 않았지
만, 영상을 통한 첫 대면의 순간이 아직도 잊히지 않습니다.

Keep Hope Alive—ⓒ Chid Focus • 출처: https://www.youtube.com/watch?v=8GJLsxejraY
Shanti House Announcement—ⓒ Shanti House • 출처: https://www.youtube.com/watch?v=_rRjTalFL8o

피부암 예방 인형

공감하면 반응한다

⊕   **우리 아이가 달라졌어요!**

화장품 기업 니베아가 선크림 제품의 홍보를 위해 펼쳤던 재미있는 프로모션 캠페인을 살펴보겠습니다. CSR이나 광고 콘텐츠이긴 하지만, 커뮤니케이션 디자인 차원에서도 참고할 부분이 있고 아이디어를 가치 디자인 작업에도 활용할 수 있기 때문입니다. 니베아의 프로모션 캠페인은 어린이들의 행동 유도 심리에 기반을 둔 감성 콘텐츠입니다.

아이들을 데리고 바닷가에 가서 물놀이를 할 때면 늘 겪는 일이지만, 아이들은 몸에 선크림 바르는 것을 싫어해서 부모들이 진땀을 흘리곤 합니다. 싫어한다고 해서 바르지 말라고 할 수도 없는 노릇이고, 그렇다고 강제로 바르려 하면 울음을 터뜨려 모처럼의 휴가를 망치게 되니 참 난감한 노릇입니다.

누군가 이 일을 대신 해준다면 참 좋겠죠? 선크림을 만든 사람들이 이 문제를 해결하기 위해 직접 나섰습니다. 어린이용 선크림 프로모션을 하면서 아이들이 자연스럽게 선크림을 바르도록 한다면 모두가 만족할 겁니다. 이벤트 활동의 초점은 여기에 맞춰졌습니다.

3세에서 6세 정도의 유아들에게 인형은 자신의 분신과도 같은 가장 친한 친구 중 하나입니다. 니베아 홍보팀은 귀여운 모습을 한 니베아 돌Nivea Doll을 선크림과 함께 선물 박스에 예쁘게 담아 부모들에게 선물했습니다. 이 니베아 돌은 그냥 평범한 인형이 아닙니다. 자외선에 노출되면 얼굴이며 팔, 다리가 타서 빨갛게 변하는 인형입니다. 자외선이 닿으면 색상이 변하는 안료를 넣어 만들었거든요. 아이들은 선물 박스를 열어보고 나서 이내 니베아 돌에게 마음을 빼앗깁니다. 물론 선크림은 눈에 들어오지도 않습니다. 부모들은 아이가 인형을 안고 햇볕 아래서 노는 것을 지켜봅니다.

바로 그때, 아이들이 데리고 놀던 인형의 얼굴과 팔다리가 화상을 입은 것처럼 붉게 변합니다. 물론 혐오스러울 정도는 아닙니다. 아이들이 놀랄 수도 있으니까요. 이쯤에서 부모들은 자연스럽게 아이 곁에 다가가 "이런, 인형이 선크림을 바르지 않아서 이렇게 됐나 봐. 어쩌지? 여기 있는 선크림을 인형한테 발라줄까? 아프지 않게?" 이런 대화가 이어집니다. 인형이 아파하는 것 같아 미안하기도 하고 놀란 아이들은 엄마가 선크림을 인형에게 발라주는 것을

돕기까지 합니다.

자외선 차단제가 들어가 있는 선크림을 인형의 얼굴과 몸에 발라주
자 거짓말처럼 인형의 피부색이 원래대로 돌아오기 시작합니다. 이
제 엄마의 다음 대사가 이어져야겠죠. "어머, 이것 좀 봐! 선크림을
바르니까 이렇게 인형이 다 나았네? 그럼 우리도 인형처럼 아프지
않으려면 선크림 바르고 놀아야겠다. 그렇지?" 세상 모든 엄마는
누구보다 훌륭한 배우들이니까 이런 배역 정도는 어렵지 않게 소화
할 겁니다.

그러고 나면 아이들은 그토록 싫어하던 선크림을 엄마가 여기저기
에 바르더라도 거부하지 않습니다. 어떤 아이들은 자신이 먼저 선
크림을 발라달라고 조르기도 합니다. 하마터면 엉망이 될 뻔했던
휴가가 행복하게 이어집니다. 부모들의 큰 고민거리 하나가 믿기지

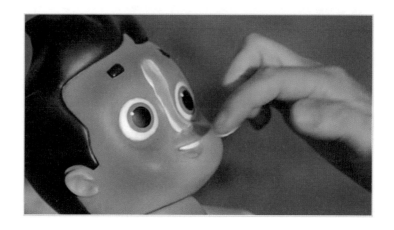

않을 만큼 깔끔히 해결됐으니까요.

공감을 기반으로 한 인문학적 상상력

우리가 흥미롭게 바라보는 것은 이 콘텐츠가 '공감'에 집중했다는 점입니다. 공감은 디자인 싱킹에서 실행하는 문제 해결 과정 중 가장 먼저 고려해야 할 요소입니다. 이 이벤트의 성공 요인은 아이들과 함께 해변에 놀러 나온 가족의 행동을 주의 깊게 관찰하면서 누구나 공감할 수 있도록 해법을 찾아낸 역량입니다. 이들은 미끈거리는 선크림의 이물감이 싫어 손을 내젓고 달아나는 아이들, 그리고 그런 아이를 그냥 두고 볼 수만은 없는 부모들의 애타는 심정에 깊이 공감했습니다.

가치 디자인은 하나의 구상과 아이디어가 값어치 있는 행동과 실천으로 이어져, 그 결과 역시 값어치 있는 의미로 연결되는 전 과정을 가리킵니다. 이 콘텐츠는 기업의 판매 홍보 이벤트이기는 하지만 그렇다고 그 의미가 주는 울림을 과소평가할 수는 없습니다. 가치 디자인의 참신한 발상을 배우고 훈련하는 일이 우리에게는 더욱 중요합니다.

여기서 아동 심리에 기반을 둔 인문학적 상상력을 빼놓을 수 없습니다. 새로 만난 인형 친구와 함께 마음껏 햇볕에 나가 놀던 아이의 품에서 갑자기 인형의 피부가 붉게 변하며 고통스러워하는 연상이 아이에게 전달되는 순간, 아이는 인형에 대한 미안한 마음에 어쩔 줄 몰라 합니다. 내 부주의와 잘못된 행동이 친구를 아프게 했다고 자

책하는 겁니다. 그렇지만 이것이 프로이트가 말하는 무거운 죄의식은 아닙니다. 여기서 작동되는 죄의식의 은유는 지극히 실존적 차원에서 긍정적으로 극복될 수 있는 부분입니다. 아이가 자신이 가진 죄의식과 가책의 고리에서 벗어나는 회복 과정은 인형에게 선크림을 발라주는 행위로 나타납니다. 인형의 피부색이 바로 복원됨으로써 선크림을 바른 행위가 옳은 것이고, 이에 따라 즉각적인 보상이 이뤄졌다는 것을 아이가 분명히 느끼도록 하는 게 중요합니다. 이 보상 반응이 조금이라도 늦거나 생략된다면 자칫 아이들의 기억 속에 좋지 않은 피해 의식이 생길 수도 있습니다.

하지만 디자인 팀은 이 점에도 민감하게 대응했습니다. 인형의 피부색이 복원되는 과정은 아이와 인형 사이의 관계 회복이라는 따스한 교감이 일어나는 순간입니다. 동시에 아이 자신이 아픔을 겪는 인형에게 생명을 불어넣는 행위를 함으로써 커다란 심리적 위안을 느끼게 되는 순간이기도 합니다. 그리고 자신의 몸에도 선크림을 바를 수 있도록 허락하거나, 먼저 발라달라고 요청하는 것은 인형과 같은 행위를 함으로써 자신이 좋아하는 대상과 더 긴밀히 연대하고 합일하고자 하는 마음에서입니다. 이는 사물에 대한 애착과 책임, 공동체 의식이 만들어지는 교육이기도 한 겁니다.

ⓒ Nivea • 출처: https://www.youtube.com/watch?v=StvAe98BfwY

이 책의 주제들 중 가장 넓게 적용될 수 있는 주제는 크라우드소싱과 커뮤니케이션 디자인일 겁니다. 크라우드소싱은 모든 것이 데이터가 될 수 있는 디지털 환경에서 언제든 접속이 가능한 개인들의 힘을 적극적으로 활용할 수 있기 때문이고, 커뮤니케이션 디자인은 본래 커뮤니케이션이 포괄하는 영역이 워낙 폭넓고 다양하기 때문입니다. 학제적으로는 커뮤니케이션 디자인과 다른 디자인 사이에 경계를 나누는 일이 가능하겠지만, 융합과 교차가 자유롭게 이뤄지는 현대 사회에서 이런 구분은 어렵기도 할뿐더러 큰 의미도 없습니다. 커뮤니케이션 디자인은 웬만한 것은 모두 담을 수 있는 그릇이기 때문입니다.

지금까지 살펴본 것처럼 커뮤니케이션 디자인에서 중요한 것은 인문학적 성찰과 상상력이 기술과 적절히 융합되어 구현되는 현장 속에 있습니다. 가치를 중심으로 잘 기획되고 디자인되었으며 인문학적 성찰과 상상력이 기술과 융합하는 현장에서 이미 프로젝트의 성공 여부가 판가름 났다 해도 과언이 아닐 만큼 뛰어난 사례들이죠.

SNCF, 니베아 인형, 포스트잇 배너 콘텐츠 등은 '무엇'을 '어떻게' 디자인할 것인가에 대한 정확한 문제의식이 있었고, 접근 방법 또한 인문학적 성찰과 상상력을 적극적으로 활용한 것이어서 매우 큰 효과를 거둘 수 있었습니다. 커뮤니케이션이란 인간과 존재에 대한 철학적 물음을 담보하고 있고, 사물과 존재의 근원적 양식일 수 있는 까닭에 인문학적 시각에서 진지하게 접근하려는 태도가 반드시 필요합니다. 이들 콘텐츠에서는 이런 점들이 훌륭하게 수행됐습니다. 이들이 가지고 있는 또 하나의 공통점은 어려운 기술을 쓰는 것이 아니라 사용자들이 친숙하게 느낄 수 있는 기술을 적절히 사용했다는 점입니다. 커뮤니케이션 디자인에서 간과하면 안 되는 것은 얼마나 놀라운 기술이냐가 아니라 모두가 쉽게 이해하고 공감할 수 있도록 그 상황에 얼마나 알맞은 기술을 사용했느냐 하는 것입니다.

특히 샨티 하우스의 안내 방송은 커뮤니케이션 디자인 작업을 할 때 고민해야 할 많은 부분을 제대로 보여주었습니다. 공공장소에서 아이를 잃어버렸을 때, 아이를 찾기 위해 행해지는 방송의 형식과 내용을 우리는 잘 알고 있습니다. 그런데 변수가 나타납니다. 안내 방송의 주인공이 길 잃은 어린이가 아니라 집 나간 청소년으로 바뀐 겁니다. 놀이공원의 미아 방송에서는 '왜'와 '어떻게'는 중요하지 않습니다. 지금 급한 건 당장 아이를 찾는 것이니까요. 하지만 청소년의 경우는 '누구'보다 '왜'와 '어떻게'가 더 중요합니다.

그 '왜'와 '어떻게'에 대한 물음이 전혀 다른 맥락에서 사람들의 마음을 건드릴 때 존재적 자각에 이르는 간단치 않은 떨림을 느끼게 됩니다. 가장 사적인 영역의 이야기가 공적인 공간에서 건조한 억양과 말투로 흘러나올 때, 관습적으로 알고 있는 사적인 담론이 전혀 다른 맥락으로 옮겨가는 것을 느끼는 겁니다. 대상이 청소년일 경우에 그 이야기는 사적인 문제라기보다는 사회 구성원 모두에게 윤리적 자각과 성찰을 불러일으키고, 공동체 의식에 깊은 울림을 가져다줍니다. 미래 세대를 성숙한 인격체로 성장시켜 건강한 사회구성원이 되게 하는 일은 사적인 친족의 개념을 넘어서는 것입니다. 사회와 공동체의 가치가 함께 작동해야 하는 가치 실현의 문제인 것이죠. 그 중요한 일을, 그러나 잊고 있던 그 일을 거창한 기술이나 자본 없이 커뮤니케이션 메커니즘을 통해 감동적인 가치 디자인으로 구현해냈다는 것이 놀라울 뿐입니다.

CHAPTER 6

value design

열심히 벌었으니 정승처럼 쓰려면
CSR 콘텐츠

'기업의 사회적 책임CSR' 활동은 사회적 책임이 곧 기업의 책무라는 인식 아래 기업이 얻은 이득을 사회의 가치와 목적에 맞게 되돌려주는 것을 말합니다. 1950년대부터 기업의 사회적 책임을 강조하면서 나타난 개념인데, 현재는 다양한 형태의 활동으로 발전했습니다. 구체적으로 이야기하자면 CSR이란 사회가 가지고 있는 문제를 기업이 앞장서서 직접 해결하기보다는 소비자와 함께 문제의식을 공유하면서 해결하려고 애쓰거나, 기업과 고객 간의 관계가 더욱 투명하고 신뢰가 쌓이도록 노력하는 활동을 가리킵니다. 예를 들자면 주요 기업들이 자본을 들여 각종 사회복지재단, 봉사기관, 장학기관 등을 설립해 불우한 이웃과 소외계층을 지원하고, 가정 형편이 어려운 학생들을 돕는 등의 활동을 펼치는 걸 말하죠.

그런데 최근 CSR은 기업의 사회적 책임을 수행하면서도 그것이 기업 이미지를 향상시키는 데까지 연결되도록 디자인하기 위해 노력을 기울이고 있습니다. 쉽게 말해 어차피 돈을 써야 한다면 기업 이미지도 좋아지고, 브랜드 가치도 올라가며, 소비자들에게 더 많은 감동을 줌으로써 다시 기업의 이익으로 이어질 수 있게 하고 싶은 겁니다. 기업의 선의가 소비자들에게 잘 전달되면서 기업의 이미지도 향상된다면 더할 나위 없는 거니까요.

여기서 우리가 주의를 기울일 부분은 CSR 활동을 얼마나 효과적이고, 전략적이며, 의미 있고, 창의적으로 전개해나가는가 하는 것입니다. 이는 말처럼 쉬운 일이 아닙니다. 현대 사회에서 CSR 활동을 할 수 있을 만큼 자금에 여유가 있는 기업들의 활동은 사람들의 집중적인 주목을 받습니다. 따라서 단순히 '좋은 일 하는 데 돈을 쓰겠다' 라는 생각은 위험할 뿐 아니라 전략적이지도 못합니다. 또한 지금처럼 다국적 기업들이 많은 상황에서는 다양한 이해관계와 문화적 차이, 정치적 관계, 외교적 우선순위 등 고려해야 할 민감한 사안이 너무나 많습니다. 더욱 섬세하고 주도면밀하게 다가가야 하는 경우가 많아졌죠.

우리가 자주 접하는 CSR 활동은 주로 기부, 협찬, 장학금, 공동체 지원, 사회복지시설 건립, 학교 건립, 문화재 보존, 자연환경 보호 등이 있습니다. 아마 앞으로도 이 기본 포맷은 크게 변하지 않을 겁니다. 다만 이 책에서 살펴보려는 것은 요즘 새롭게 등장하고 있는 매우 혁신적이고 기발한 아이디어를 기반으로 하는 CSR 콘텐츠입니다. 혁신적이고 창조적인 CSR 활동이 기업 이미지 상승과 브랜드 가치 제고에 갈수록 커다란 영향을 미친다는 사실을 기업들도 실감하고 있는 겁니다. 세계적인 광고 페스티벌에 CSR 콘텐츠의 참여가 대폭 늘어나고 있다는 데서도 볼 수 있듯 이들의 질적 성장과 진화는 주목할 만한 일입니다.

가치 디자인을 중심으로 CSR 콘텐츠를 바라보는 일은 오해를 불러일으킬 수 있습니다. CSR 활동이 아무리 의도가 좋다 하더라도 결국은 기업 이미지를 향상시키는 데 주된 목적이 있다는 걸 부인할 수 없는 상황에서, 이런 식의 접근이 본의 아니게 기업을 도와주는 결과를 낳지 않을까 하는 우려 때문입니다. 하지만 우리는 기업의 빤한 장삿속 콘텐츠를 홍보하려는 것이 아니라 거기서 얻을 수 있는 참신한 아이디어와 콘텐츠 디자인 역량을 들여다보려는 것이고, 새롭게 진화하는 가치 디자인 콘텐츠를 통해 배울 수 있는 것을 최대한 얻어내려는 것뿐입니다. 편견 없이 유연한 태도로 접근해서 얻을 건 얻고, 배울 건 배우자는 것이죠. 그럼 이제부터 대표적인 CSR 콘텐츠를 찬찬히 살펴보겠습니다.

소원 사이다 프로젝트
별을 따다가 그대 두 손에

소원을 들어주는 7개의 별 따기 마케팅

3년 전 어느 여름날 서울역, 음료수 자판기처럼 생긴 기구 하나가 기차를 타기 위해 바쁘게 오가는 사람들의 시선을 사로잡습니다. 여느 자판기처럼 다양한 음료가 빼곡하게 들어찬 모습이 아니라 터치스크린에 칠성사이다 이미지가 붙어 있고, 바로 밑에 선명한 글씨로 'Free'라고 쓰여 있습니다. '어, 저건 뭐지?', '사이다 자판기인가?', '프리라고 쓰여 있으니까 공짜로 준다는 건가?', '무슨 이벤트를 하는 건가?' 여러 가지 의문이 생기는데도 누구 하나 선뜻 다가서는 사람이 없습니다.

시간이 조금 흐른 뒤 마침내 '용감한 사람' 하나가 등장해 'Free'라

고 적힌 버튼을 누릅니다. 더위를 식혀줄 시원한 사이다가 나올 것을 기대했지만, 사이다는 나오지 않고 터치스크린이 빙그르르 회전하면서 전혀 새로운 공간으로 인도합니다.

의심 반 기대 반, 터치스크린 안으로 조심스레 몸을 움직여봅니다. 회전문이 닫히자마자 이내 환하게 불이 켜집니다. 실내 공간을 둘러보니 천장에는 수많은 플라스틱 사이다병이 매달려 있고, 발 앞에는 트램펄린이 널찍하게 펼쳐져 있습니다. '이게 뭐지? 그냥 나갈까?' 하며 뒤를 돌아보니 문은 이미 굳게 닫혀 있습니다. 문 앞에는 "제한 시간 30초 안에 소원을 이뤄주는 소원 사이다를 따주세요!"라고 적혀 있습니다. '기왕 이렇게 된 거, 소원도 이뤄준다니 한 판 뛰어주지' 하고 마음먹은 그는 트램펄린 위에서 힘차게 뛰어오르기 시작합니다.

하지만 생각처럼 쉽지 않습니다. 기를 쓰고 뛰어올라도 사이다병에 손이 닿질 않습니다. 한 번, 두 번, 세 번…. 소원 사이다를 따기 위해 온 힘을 다해 점프하지만 오히려 넘어지기 일쑤입니다. 그러다가 드디어 소원 사이다를 따는 데 성공합니다. 차오르는 숨을 진정시키며 사이다병을 열어보니 소원을 적는 메모지가 붙어 있습니다. 잠시 고민하던 그는 소원을 써 내려갑니다.

이렇게 해서 일주일 동안 7,214개의 소원이 모였습니다. 이벤트가 끝난 뒤 음료회사 측에서는 소원들을 하나씩 벽에 붙이고 나서 사람들에게 꼭 들어주고 싶은 소원을 골라달라고 부탁했습니다. 모두 7개의 소원이 선택됐습니다. 취업 준비에 여념이 없는 학생들에게 점심밥을 사주면 좋겠다는 소원이 이뤄졌고, 가난한 예술가인 인디

뮤지션들의 음반 제작비를 지원해주면 좋겠다는 소원이 이뤄졌으며, 환경운동을 하는 시민단체의 자그마한 사무실에 무료로 에어컨을 설치해주면 좋겠다는 소원이 이뤄졌습니다. 작지만 간절한 소원들이었습니다.

이 음료회사는 여름을 맞아 사이다를 더 많이 팔고 싶은 마음이 간절합니다. 그러나 회사의 오랜 역사 속에 쌓아온 제품의 정체성이 있으니 섣불리 병 색깔을 바꾸기도 어렵고, 경쟁사들처럼 신제품을 출시해 화끈하게 마케팅 경쟁을 벌이기도 힘듭니다. 발상의 전환이 필요한 시점이었습니다.

그래서 참신한 CSR 프로젝트를 기획합니다. 경쟁사의 제품에 눈을 돌리기보다는 자사 제품의 의미와 정체성에 다시 한 번 집중하기로 한 겁니다. 그들이 착안한 것은 회사 이름에 담긴 7개의 별이었습니다. "별은 그럼 뭐지?", "소원이라면 별도 따다 주고 달도 따다 줄 테니 내 사랑을 받아줘…, 뭐 이런 건가?", "어? 뭔가 그림이 그려지는데…!"

프로젝트 기획팀은 별이 갖는 소원과의 관계와 맥락에 주목했습니다. 누구나 가슴속에 소원을 간직하고 있고, 별은 가슴속 소원처럼 신비스럽고 귀중한 존재입니다. 시대에 맞지 않는 구식 이름으로 여겨지던 제품 브랜드가 그토록 깊은 의미를 가진 이름이었다는 사실을 깨달은 겁니다. 그래서 이들은 소비자들이 직접 만들어가는 크라우드소싱 플랫폼을 활용해서 많은 사람이 자연스럽게 참여할 수 있는 CSR 이벤트를 펼친 것입니다.

최종적으로 7개의 소원이 선정됐습니다. 너무 개인적이거나 물욕적인 소원은 배제됐고, 조용히 미소를 머금을 수 있는 작지만 의미를 담은 소원들이 이뤄졌습니다. 비로소 이 사이다 제품은 '올드 패션'의 이미지를 벗어던지고, 별을 따기 위해 껑충껑충 뛰던 청춘들이 사랑하는 제품이라는 새로운 이미지를 갖게 됐습니다. 적어도 이벤트가 진행되는 동안에는 말입니다. 게다가 창의적인 이벤트를 기획하고 실천하는 꽤 참신한 기업이라는 이미지까지 덤으로 얻게 됐습니다. 사이다병의 초록색은 맑고 깨끗한 청춘의 녹색 이미지로 전환됐고요. 음료회사는 자신들이 원하던 목표대로 여름을 맞아 사이다 제품을 더 많이 팔게 됐고, CSR을 통해 많지 않은 돈으로 기업의 이미지와 정체성을 다시 한 번 홍보하며 자체 점검하는 기회를 갖게 됐습니다.

이 CSR 프로젝트를 통해 우리는 무엇을 배울 수 있을까요? 하나는 기획팀이 문화적 메타포를 세련되게 적용하여 소원과 별의 이미지를 잘 연결함으로써 성공적인 콘텐츠를 만들어냈다는 점입니다. 그리고 또 하나는 그 과정을 통해 사람들이 가슴속에 품고 있던 소원

을 이루게 됨으로써 가치 디자인의 진정한 의미를 실현했다는 점입
니다. 촘촘하게 짜인 소원, 별, 사이다, 투명한 물, 초록색 등 의미
의 연결망이 이 모두를 가능하게 한 것입니다.

리얼 뷰티 스케치
아름다움은 존재하는 게 아니라
발견하는 것이다

진실을 말해주는 몽타주　　　　　　　　　　　　　　　　○

영국의 미용·위생용품 브랜드인 도브의 CSR 광고는 캠페인 형식
으로 제작됐는데, 소비자들의 생각과 감성을 파고드는 부분이 무척
인상 깊고 감동적입니다.

우선 이 콘텐츠에서는 미용비누, 샴푸, 화장품 등을 만드는 회사답
게 아름다움이라는 주제를 절대 놓치지 않겠다는 강한 의지가 엿보
입니다. 그리고 이런 의지를 반영하기 위해 수많은 고민을 거듭한
끝에 심사숙고해서 만들어진 콘텐츠라는 생각이 들게 합니다. 그만
큼 이 캠페인 광고에 등장하는 중심 캐릭터와 콘셉트는 차별화됐습
니다. 우리는 이 광고를 통해 FBI(미국연방수사국)에 실제로 근무하는
길 자모라Gil Zamora라는 법의학 아티스트를 만날 수 있습니다. 모델이

나 연예인이 아닌 일반인이 광고 화면에 등장하는 게 놀랄 일은 아니지요. 그렇지만 FBI라는 기관이 가지고 있는 느낌과 아름다움은 이미지가 너무 다르기 때문에 콘텐츠에 대한 기대와 인식의 폭이 굉장히 넓게 형성됩니다.

관록 있는 법의학 아티스트인 자모라는 몽타주montage를 그리는 사람입니다. 목격자들의 이야기를 자세히 듣고 용의자의 인상을 파악해 얼굴을 그리는 직업이죠. 우리가 흔히 사용하는 '몽타주'라는 말은 프랑스어로 동사 '몽테monter'의 명사형입니다. 몽테는 기본적으로 산과 같은 높은 곳을 오르는 행위를 나타내는 말이지만, '뭔가를 쌓아 올린다', '조각난 것들을 모아 붙이거나 모아 만든다'라는 뜻으로 쓰이기도 합니다. 즉 몽타주는 목격자들이 진술하는 용의자에 대한 파편적 사실과 정보들을 하나하나 쌓아 올리거나 모아 붙여서 만든 그림인 것이죠. 마구 잘리고 조각난 것들을(필름이나 컷) 일일이 모아 붙여서 점점 의미 있는 모습(화면)을 만들어간다는 의미에서 영화계에서는 편집이라는 뜻으로도 씁니다.

제작팀은 자모라를 의자와 캔버스가 준비된 넓은 공간으로 안내해 사람들의 진술을 듣고 몽타주를 완성하도록 부탁합니다. 평소와 다른 것은 얼굴에 대해 설명하는 사람들이 사건의 목격자가 아니라 자신의 얼굴에 대해 묘사하는 일반 여성들이라는 점입니다. 자모라와 여성 사이에는 흰 커튼이 드리워져 있습니다.

자모라의 질문에 따라 여성들은 자신의 얼굴 생김새를 설명합니다.

가치를 디자인하라

"저는 턱이 뾰족해서 인상이 강하고 언뜻 남자처럼 보이기도 해요."
"저는 눈이 아래로 처져서 우울하고 어두워 보인답니다."
"저는 광대뼈가 커서 우락부락하게 보여요."
이런 식으로 자신의 얼굴에 대해 상세하게 묘사합니다. 그런데 이상하게도 자기 얼굴에 대해 긍정적으로 표현하는 사람이 거의 없습니다. 대부분 부정적인 내용이죠. 자모라는 그들의 설명과 묘사대로 몽타주를 완성해나갑니다.

자신의 얼굴에 대해 진술을 마친 여성들은 밖으로 나가 별도의 공간에서 다른 사람들과 함께 이런저런 이야기를 나눕니다. 그런 다음에는 진술을 마친 여성들과 대화를 나눴던 사람들이 자모라가 있는 방으로 들어옵니다. 남성도 있고 여성도 있습니다. 이번에는 그들이 자모라의 질문에 따라 앞서 진술을 마친 여성들의 얼굴과 외모에 대해 이야기합니다.

"그녀는 턱이 갸름하고 날씬해 보였어요."

"그녀는 환한 얼굴로 말을 하더군요."

"그녀의 파란색 눈은 깊고 매력적이었어요."

이때쯤이면 광고를 보는 시청자들은 차이를 어렴풋이 느끼게 됩니다. 긍정적인 이야기들이 더 많이 나온다는 느낌이죠. 하지만 아직은 명확하지가 않습니다.

화면이 바뀌자 갤러리가 등장합니다. 자모라가 그린 몽타주들이 줄에 매달려 공중에 전시돼 있습니다. 한쪽 벽에 가지런히 있는 게 아니라 갤러리 공간 여기저기에 듬성듬성 전시돼 있습니다. 도화지 왼편에는 자신의 얼굴에 대해 이야기한 여성들의 진술에 따라 그린 몽타주가 있고, 오른편에는 그 여성들과 함께 대화를 나눈 사람들의 설명에 따라 그린 몽타주가 걸려 있습니다.

여기서 시청자들은 놀라운 일을 목격하게 됩니다. 두 몽타주는 같은 사람을 그렸지만 느낌과 분위기가 전혀 다르기 때문입니다. 본인의 설명대로 그린 몽타주는 어둡고, 여유 없어 보이고, 불친절해 보이고, 수동적으로 보이고, 어딘가 위축된 듯 보입니다. 그러나 타인의 묘사에 따라 그린 몽타주는 밝고, 행복해 보이고, 건강해 보입니다. 전체적으로 긍정적인 에너지가 더 많이 드러나는 얼굴입니다. 자신의 얼굴이지만 두 얼굴이 너무도 다른 상황 앞에서 실험에 참가했던 여성들은 말을 잇지 못한 채 먹먹히 자신의 얼굴을 바라

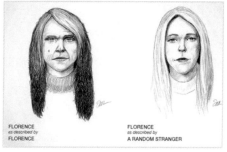

보거나 알 수 없는 미묘한 감정에 전율하기도 합니다.

자기가 말한 자신의 얼굴은 '아름답지 않지만' 타인이 바라본 나의 모습은 훨씬 더 '아름답습니다.' 씁쓸하고 낯설면서도, 뭔가 안심이 되고 희망도 생기는 복잡한 상황이죠. 이 상황이 전달하는 메시지는 매우 강렬합니다. 평온하지만 격렬하게 우리의 마음과 인식을 흔드는 듯합니다.

내가 보는 내 얼굴과 남이 보는 내 얼굴의 차이

심리학적으로 여성들은 자신의 얼굴과 외모에 대해 남성들보다 더 많은 콤플렉스를 느낀다고 합니다. 하지만 이 캠페인 광고는 단순히 이런 심리학적 이론을 증명하는 것과는 거리가 멉니다. 아름다움에 대해 그리고 삶을 대하는 자세와 태도에 대해 감성적인 방법으로 충격을 던지는 것입니다. 다분히 계몽적인 메시지일 수 있죠.

하지만 정교한 전략적 접근 없이 덤비는, 또는 타인에 대한 세심한 배려 없이 남발되는 무책임한 훈육이나 위선적인 계몽에 비해 훨씬 세련되고 진지하며 정직한 메시지를 담고 있는 캠페인입니다.

'당신은 당신이 생각하는 것보다 훨씬 더 아름답습니다!' 라는 메시지는 이제 슬로건이 아닌 삶의 진정성 있는 울림으로 다가옵니다. 아름다움에 대한 이 진솔한 정신과 태도를 광고주인 도브는 자신들의 정체성과 브랜드 자산으로 전환해 소유하고 싶은 것이겠죠.

이 같은 CSR 캠페인 광고 콘텐츠가 기업의 이익에 얼마나 기여했는지에 대해서는 그다지 궁금해할 필요가 없습니다. 성실한 접근과 성찰을 통해 아름다움에 대한 진정성 있는 메시지를 만들어낸 가치 디자인의 설계와 구현에 집중하면 됩니다.

특히 화면이 전달하는 공간감의 깊이와 간결하고 단순한 세노그라피Scenographie(전시연출)가 주는 정중동의 긴장은 광고에서도 연출의 미학적 성취를 얻을 수 있다는 믿음을 줍니다. 전혀 다른 느낌을 주는, 남이 말한 내 얼굴과 내가 말한 내 얼굴을 바라보며 생각에 잠긴 여성들이 홀로 자신과 마주하는 모습은 너무도 감동적입니다.

삶의 아름다움에 대해 고민하고 실천하는 일은 자신의 내면에서 자신감과 자존감을 불러일으킬 때 비로소 가능하다는 울림은 외모 자체에 대한 시선과는 다른 것입니다. 이 평범하지만 스스로 증명해내기 어려운 사실을 멋지게 디자인해준 광고입니다.

ⓒ Dove • 출처: https://www.youtube.com/watch?v=XpaOjMXyJGk

마인 워터 바코드

Because, we are lazy!

○ **똑똑하고 착한 바코드를 사용해볼까요?**

'사용자 경험UX' 이라는 말은 디자인을 비롯한 여러 영역에서 사용되는 전문 용어입니다. 하지만 우리는 이 말을 더욱 폭넓게 해석해도 될 것 같습니다. 본래 이 말은 인간이 사물 또는 서비스를 이용할 때 일어나는 인지 활동과 인식 작용 그리고 심리적 반응 등을 의미합니다. 즉 사용자가 제품이나 서비스, 회사와 상호작용을 하면서 경험하게 되는 전체적인 느낌을 가리키죠. 시간이 지나면서 더욱 특화된 영역에서 쓰이는 것뿐입니다.

가치 디자인을 실현하는 콘텐츠는 많은 사람이 UX 디자인을 부담 없이 자연스럽게 사용하게 될 때 그 효과와 의미가 더욱 잘 드러납니다. 여기서 말하는 'UX 디자인' 은 좀더 넓은 범위를 뜻하며, 지금 소개하고자 하는 콘텐츠도 그런 의미에서 매우 개성 있고 효과적인 사용자 경험 디자인입니다.

CJ는 '마인 워터Mine Water'라는 이름의 생수를 만들어 시장에 내놓았습니다. 이 회사에서는 어떻게 하면 차별화된 프로모션을 진행하면서 효율적으로 홍보도 하고 적절한 CSR 활동으로까지 연결할 수 있을까를 고민했습니다. 숙고 끝에 이들이 구상한 것은 물과 관련한 기부 활동이었습니다. 스토리텔링의 구조는 명확하고 좋았습니다. 그것은 깨끗한 물을 만들어 파는 일이었는데, 이왕이면 깨끗한 물을 마시기 어려운 아프리카의 상황을 CSR 활동에 녹이자는 것이었습니다. 이 스토리텔링이 잘 작동한다면 생수 홍보에 큰 효과가 있을 것이고, 실제로 CSR 활동을 통해 의미 있는 일을 할 수도 있으니까요.
앞의 빅워크나 소셜 스와이프 사례가 멋진 가치 디자인으로 기억되는 이유 중 하나는 서비스에 적합한 사용자 경험을 적용했기 때문이었습니다. 마인 워터 역시 마찬가지입니다. 기부라는 것이 "합시다!" 해서 되는 게 아니라는 것을 인정하는 게 중요하다는 겁니다. 마음은 앞서갈지라도 실천은 생각보다 어려운 법입니다. 이것이 UX 디자인의 출발점입니다.

마인 워터는 이 행동 패턴을 UX 디자인의 중요한 모티브로 잡았습니다. 생수를 사는 도시인 중에서는 아프리카 사람들에게 깨끗한

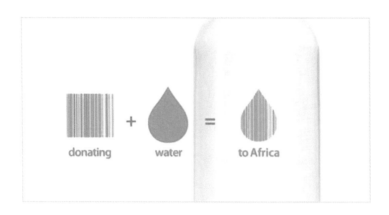

물을 제공할 수 있는 좋은 방법만 있다면 언제든 참여하겠다고 생각하는 사람이 많습니다. 이들이 쉽게 기부할 수 있도록 하려면 어떻게 해야 할까요?

마인 워터 홍보팀은 CSR 활동과 연계된 꽤 근사한 UX 디자인을 고안해냅니다. 편의점을 찾은 사람들이 마인 워터를 집어 드는 것은 신제품에 대한 호기심 때문입니다. 생수병에 CSR 활동의 요지가 적혀 있기는 하지만 아마 그걸 꼼꼼하게 읽는 소비자는 없을 겁니다. 새로 나온 생수인 데다 디자인도 예쁘니까 우선 집어 든 것이죠.

그런데 가만 보니 바코드가 하나 더 있습니다. QR코드로 한번 확인해보고 싶어지기도 하지요. 하지만 아무것도 모르는 사람들이 더 많습니다. 생수 값을 치르려 할 때 계산대에서 직원이 묻습니다.

"마인 워터 바코드도 찍어드릴까요?"

무슨 말인지 영문을 모르는 손님이 되묻습니다.

"뭐라고요?"

직원이 간단히 설명해줍니다.

"병 아랫부분에 있는 바코드는 일반적인 바코드로 생수 가격이 찍히고요. 그 위에 있는 바코드를 찍으면 100원씩 자선단체로 기부돼요. 그 기부금만큼 생수를 사서 아프리카 사람들에게 보낸다고 해요. 고객님께서 100원을 기부하신다면 생수회사와 편의점이 매칭 펀드로 100원씩을 함께 기부해 전부 300원어치의 생수를 기부하게 됩니다."

확장된 사용자 경험 디자인의 사례

신기하고 낯선 지불 방법이지만 설명을 들으니 귀에 쏙 들어옵니다. 다른 생각이나 고민을 할 필요 없이 즉시 참여가 가능한 CSR 활동이지요. 900원짜리 물을 1,000원에 산다고 해서 물값을 비싸게 지불한 것 같지도 않고, 기부라는 명목으로 돈을 도둑맞은 것 같은 느낌도 들지 않습니다. 내가 기부하면 생수회사도 100원을 내고, 편의점도 100원을 낸다고 하니 그것도 마음에 듭니다. 계산대에서 바로 결정할 수 있으니 번거롭지도 않고요.

이는 스마트 기기나 디지털 기기를 활용했다는 편리성을 넘어, 인간의 행동 패턴을 잘 관찰한 뒤에 세심하게 만들어진 UX 디자인입니다. 편의점에서 물을 구입해 마시는 도시인들의 일상적이고 보편적인 행위, 생수병을 들고 계산대로 걸어가는 특정한 행동과 시간, 100원이라는 돈과 기부의 가치와 기업의 CSR 활동이 직관적으로 잘 연결된 인상적인 콘텐츠라 할 수 있습니다.

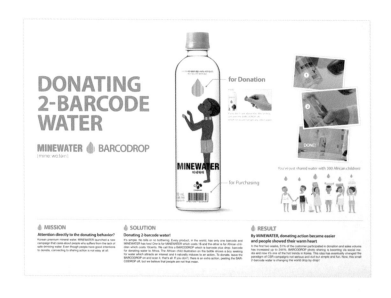

생수 론칭은 성공적이었습니다. 생수가 처음 편의점에 선보인 날부터 많은 사람이 기꺼이 이 CSR 활동에 참여했고, SNS 등을 통한 자발적 홍보로 많은 기부금이 모여 아프리카 사람들에게 깨끗한 생수를 제공할 수 있었습니다. 형식은 약간 달라졌지만 이 생수 브랜드는 여전히 같은 CSR 활동을 이어가고 있다고 합니다.

댄싱 트래픽 라이트
유머는 신호등도 춤추게 한다

파란색 신호등을 즐겁게 기다리는 방법

도시 생활에는 몇 가지 패턴이 있습니다. 특히 교통과 관련해서는
패턴이 더욱 명확해집니다. 이른바 '질서'라는 것입니다. 서양의
'Order'라는 말은 동양의 '질서'라는 추상적이고 어려운 말보다 훨
씬 구체적이고 직접적인 의미를 가지고 있습니다. 그들이 말하는
'Order', 즉 '질서'는 '순서를 맞추다', '줄이 잘 맞다', '줄을 잘
세우다' 또는 '정돈을 잘하다', '정리가 잘 되어 있다'라는 뜻을 가
지고 있습니다. '명령', '주문', '지침' 이런 뜻도 있지만 이 역시
실천을 통해 흐트러진 사물들의 관계를 하나로 모아 가지런히 한다
는 의미가 있죠. 하나의 명령 또는 주문을 통해 일사불란하게 정리
되고 줄이 맞춰진 통일된 상태를 만들어내는 겁니다. 도시 생활에

218   가치를 디자인하라

서, 특히 교통과 관련된 삶의 태도에서 바로 이 '질서'가 만들어내는 일정한 패턴이 생깁니다. 쉽게 말해 이는 곧 '줄을 서는' 것입니다. 줄을 서는 것은 바꾸어 말하면 내 차례를 기다리는 일입니다. 그런데 기다리는 일은 그다지 재미있지 않습니다. 기다린다는 것에는 뭔가 원하는 것이 있는데 그것을 지금이 아닌 다음에 갖거나 미뤄야 한다는 절제와 약속과 통제라는 의미가 담겨 있기 때문입니다. 기다림은 우리가 가진 본능과 욕구를 절제해야 하는 일이기에 차원 높은 문화적 행위를 하는 것과 같습니다. 충동을 이겨내야 하므로 당연히 재미와는 거리가 먼 일입니다. 그러나 이것은 우리 모두에게 해당되는 일이며 공동체를 이루고 사는 인간 사회에서는 매우 중요한 행위입니다. 민주주의의 많은 덕목 또한 합리적인 기다림의 태도로부터 나오는 일이 많습니다. 선거에서 지는 쪽은 패배를 인정하고 다시 꿈을 이룰 때까지 기다려야 하니까요. 이 원칙이 지켜지지 않으면 사회의 안정과 발전 자체가 몹시 위태로워집니다.

지금부터 살펴볼 콘텐츠가 바로 기다림과 관련된 것입니다. 길을 건너기 위해 기다리는 행위죠. 도시에 사는 사람이라면 길을 건너지 않고는 단 하루도 살아갈 수 없습니다. 재미도 없고 불편하기도 하지만 어쩔 수 없는 노릇입니다. '댄싱 트래픽 라이트Dancing Traffic Light'는 재미없고 따분하지만, 존중해야 할 미덕인 '기다림'의 행위를 좀더 즐겁고 기분 좋게 받아들일 수 있는 방법을 고민한 끝에 탄생한 콘텐츠입니다.

전기 자동차를 생산 판매하는 회사인 스마트SMART는 몇 가지 CSR 콘텐츠를 놓고 고민합니다. 전기 에너지를 활용해 대안적 도시 생활을 이끌어간다는 자부심을 CSR에 녹여내겠다는 의지가 엿보이는 콘텐츠인데, 그중 하나가 바로 '춤추는 보행자 신호등' 입니다. 매일같이 마주하는 보행 신호등에서 정지를 뜻하는 건 빨간색 등입니다. 대개 두 다리와 두 손이 몸에 딱 붙어 있는 모습이죠. 두 다리를 벌리고 힘차게 땅을 딛고 선 파란색 등까지는 괜찮은데, 어딘지 경직되고 답답해 보이는 빨간색 등을 보면 아쉬운 느낌이 듭니다.

보행 신호등 이야기를 하다 보니 문득 암펠만Ampermann이라는 사람이 생각나는군요. 분단 독일 시대 동독의 수도였던 베를린에 처음 등장한 암펠만은 특정인의 이름이 아니라 말 그대로 '중절모를 쓴 사람' 이라는 뜻인데요. 지금은 전 세계 사람들이 사랑하는 통일 독일의 수도 베를린의 아이덴티티 디자인이자 마스코트가 됐습니다. 그 이야기가 흥미롭습니다. 도시화가 급격히 진행되면서 베를린에서는 하루도 빠지지 않고 교통사고가 일어났습니다. 시내로 유입되는 차들을 효과적으로 통제할 수 있는 시스템이 만들어지지 않은 데다 도로 위 차들과 사람들의 흐름을 구분하지 않고 통제하다 보니 나타난 결과였습니다. 이때 한 교통 심리학자가 아이디어를 냅니다. 보행자들만을 위한 신호등 시스템을 도입하도록 한 겁니다. 거기에 도시의 캐릭터를 입히고 색깔을 더하는 작업까지 합니다. 이렇게 해서 탄생한 것이 바로 암펠만입니다. 보행자 신호등의 아이콘을 딱딱한 이미지가 아니라 베를린

가치를 디자인하라

사람의 느낌을 잘 담은 친근한 아이콘으로 만들어낸 것입니다. 신호등마다 새겨진 베를린의 아이콘 암펠만은 심각한 교통 문제를 해결했을 뿐 아니라 사람들의 사랑을 한 몸에 받는 소중한 존재가 됐습니다.

하지만 통일 이후 베를린이 수도가 되면서 교통 시스템이 일률적으로 재정비돼 갑자기 암펠만이 사라져버리고 말았습니다. 이토록 멋진 캐릭터를 가진 도시의 아이덴티티 디자인이 허무하게 사라지는 것을 안타깝게 생각한 청년 디자이너들이 암펠만을 살려내기 위해 노력했습니다. 그 결과 암펠만은 다시 베를린 사람들 곁으로 다가오게 됩니다. 이전보다 더 재미있고 참신한 아이디어를 가지고 말이죠. 다시 나타난 그는 보행 신호등의 아이콘만이 아니라 우산, 티

셔츠, 모자, 수첩, 공, 스탠드, 카펫 등 모든 생활용품에 필수적인 아이콘이 되었습니다. '원 소스 멀티 유즈One Source Multi Use, OSMU(하나의 자원을 토대로 다양한 사용처를 개발해내는 짓)'를 정석대로 보여준 셈입니다. 암펠만이 없는 베를린은 상상할 수 없을 만큼, 그는 베를린 사람들의 삶 속에 깊숙이 자리 잡았습니다.

이 암펠만의 이야기가 스마트의 CSR 콘텐츠를 통해 새롭게 태어납니다. 단 이번에는 장소가 독일의 베를린이 아니라 포르투갈의 리스본이라는 점만 다를 뿐입니다.

기다리는 시간까지 디자인하라

사람들은 평소와 똑같이 보행 신호등의 빨간불이 파란불로 바뀔 것을 기대하며 길가에 서서 기다립니다. 지나가는 차들이 내는 소음과 그들이 뿜어내는 매연, 뜨거운 햇살을 묵묵히 견디면서 말이죠. 요새는 대개 스마트폰을 열심히 들여다보고 있죠. 따분함을 조금이라도 줄여보려고요. 그런데 오늘은 좀 이상하군요. 경직된 모습으로 서 있던 신호등 안의 빨간색 사람 형상 아이콘이 춤을 추듯 움직입니다. '어라! 이게 뭐지?' 가만 보니 미리 정해놓은 컴퓨터 그래픽이 아닙니다. 일정한 패턴 없이 매우 유연한 동작들을 보여줍니다. 율동이 너무 재미있어 입가에 미소가 절로 떠오릅니다. 내 어깨도 따라서 들썩거리는 것 같습니다. 어떻게 이런 일이 생긴 걸까요?

보행 신호등에서 얼마 떨어지지 않은 곳에 커다란 큐브가 있습니다. 별다른 설명도 없이 그저 들어와 보라는 문구에 호기심이 발동해서 안으로 들어가 봅니다. 안에는 커다란 화면이 있고 거기에는 평소에 늘 보던 신호등이 커다랗게 자리하고 있습니다. 이윽고 큐브 안에는 신나는 음악이 흘러나옵니다. 잠시 음악에 맞춰 몸을 좀 흔들었더니 커다란 신호등 램프가 내 움직임을 그대로 따라 합니다. 큐브 어딘가에 내 움직임을 캡처하는 카메라가 있었나 봅니다. 내가 춤추는 신호등의 아이콘이 된 겁니다.

정신을 좀 차려보니 리스본 시내에 설치된 신호등들의 모습이 화면에 보입니다. 사람들이 내가 춤을 추는 대로 따라서 춤을 추는 신호등을 보며 웃고, 즐기고, 같이 춤추고, 사진을 찍습니다. 기다리는 시간의 무료함은 다 잊은 듯이 보입니다. 멀리 떨어져 있어 주인공인 나를 알아보지 못하지만, 그들이 나를 보고 즐거워하는 관객이라는 생각에 되지도 않는 춤일망정 더 열심히 추게 됩니다. 리스본의 길거리가 순식간에 명소가 되어버린 것이죠.

베를린의 암펠만이 정적인 그래픽에 머물면서도 사람들에게 즐거움과 일체감을 주었다면, 20여 년이 지난 후 리스본에서는 춤추는 신호등이 생겨나 사람들에게 볼거리와 유쾌함을 선사하게 된 겁니다. 이 신호등은 인터랙션 커뮤니케이션 디자인 또는 디지털 사이니지Digital Signage(공공장소나 상업공간에 설치되는 디스플레이를 말하며 TV · PC · 모바일에 이은 제4의 스크린)라 부를 수 있습니다.

이제 사람들은 무료해하지 않습니다. 신호를 기다리는 게 피곤하기는커녕 즐거운 일이라도 되는 것처럼 긍정적인 마음으로 신호를 기다립니다. 가치 디자인이 멀리 있지 않군요. 매일은 아니더라도 가끔 이런 신호등을 만나봤으면 좋겠습니다.

기업이 사회적 책임을 다하는 일은 올바른 제품과 서비스를 생산하면서 질 좋은 일자리를 계속 만들어낼 수 있도록 지속가능한 경영을 하는 것입니다. 사회에 대한 기여 측면에서 그것보다 더 훌륭한 일은 없을 겁니다. 하지만 다양한 가치와 요구가 공존하는 현대 사회인 만큼 '국가와 인류 공동체를 위해 기업이 더 할 수 있는 일은 무엇인가?'에 대한 고민이 점차 커지고 있습니다.

이에 따라 기업이 사회에 기여하고 공통의 가치를 실현할 수 있는 방법과 도구에 관한 아이디어들이 속속 등장하고 있습니다. 이미 기업은 자본과 기획력, 실천 역량을 가지고 있기 때문에 CSR 활동에서도 어떤 분야 못지않게 가치 디자인 작업이 많이 이뤄지고 있습니다. 단, 기업의 CSR 활동은 상업적 목적과 연관돼 있기에 지속가능성에 대해 깊이 고민할 필요가 있습니다. 아무리 의미 있고 가치 있는 작업이라 하더라도 일회성 이벤트로 끝나버린다면 하지 않은 것보다 못한 일이 되고 마는 까닭입니다.

칠성사이다가 실천한 콘텐츠 '소원 사이다 프로젝트'는 제품에 기부 아이템을 장착한 것이 아니라 기업 이름이 갖는 문화적 의미와 사이다를 마시는 행위를 조합해 사용자들로 하여금 기부에 동참하도록 했다는 데 의미가 있습니다. 특히 이 프로젝트는 시리즈로 기획돼 수년간 새로운 아이디어로 이어지고 있다는 점도 눈여겨봐야 합니다. CSR 콘텐츠가 기업 이미지 개선에 얼마나 기여하는지를 살펴볼 수 있는 좋은 사례이기도 하니까요.

이벤트가 아니라 지속적인 활동으로 가치 디자인을 실천한 사례로는 도브의 CSR 콘텐츠가 있습니다. 주요 고객인 여성들에 집중하면서 그들의 인간적 존엄과 사회적 평등 그리고 편견과의 싸움을 이슈로 내면의 아름다움이라는 명제를 끌어내는 데 성공했습니다. 내면의 아름다움에 공감한다는 것은 요즘 같은 외모지상주의 사회에서는 허망한 구호처럼 들릴 수도 있습니다. 그러나 도브는 여성들의 심리적 기저와 층위를 꼼꼼히 살피고 섬세하게 접근해 성취하기 어려운 과제를 멋지게 수행해냅니다. 소비자들에게 미학적 체험을 제공하고 그로부터 결코 가볍지 않은 의미를 창출한 것이죠.

그들이 공간 연출에 집중하는 모습도 신선하고 감동적이었습니다. 이 프로젝트는 예술 콘텐츠는 아니지만 고유한 미학적 정서와 힘을 부여하지 않으면 성공할 수 없는 '아름다움'에 관한 프로젝트였기 때문입니다.

'마인 워터 바코드'는 기부라는 결코 쉽지 않은 행위를 간단하고 직관적으로 실천할 수 있게 한 독특한 콘텐츠입니다. 마음에 짐을 지우지 않으면서도 가슴 한편이 따뜻하고 뿌듯해지면서 자연스러운 기부가 이뤄질 수 있도록 UX·UI 디자인을 정교하게 수행한 가치 디자인입니다. 일회성 이벤트가 아니라 현재도 지속되는 콘텐츠이기에 프로젝트 이름이 생수의 브랜드 역할까지 하게 되는 것 같습니다. 기업이 이 CSR 프로젝트에 투자하는 돈은 생각보다 많지 않을 수 있습니다. 돈을 많이 써야만 CSR의 의미가 커지는 것은 아닙니다. 참신한 방법을 통해 사용자들을 가치 디자인으로 초대하는 일이 더 중요하죠. 사용자들이 직접 보람과 가치를 느낄 수 있게 하는 일은 그것만으로도 훌륭한 가치 디자인입니다.

댄싱 트래픽 라이트는 CSR 콘텐츠가 도시의 풍경을 바꿔놓을 수도 있다는 걸 보여준 프로젝트입니다. 여기에는 역시 기본에 충실한 문제 제기와 발견이 있었습니다. '지루한 기다림'에 대한 세심한 관찰이 도시의 풍경을 바꾸는 첫발을 내딛게 한 겁니다. 콘텐츠 생산자와 소비자가 모두 사람이라는 점도 중요한 부분입니다. 적극적 참여가 있어야만 가능한 작업이었기에 이 콘텐츠는 단순한 접근 방법을 채택했습니다. CSR 콘텐츠가 갖는 공익적 가능성에 대해 다시 한 번 생각하게 해준 가치 디자인이었습니다.

value
CHAPTER 7
design

사물과 공간에 새로운 생명 불어넣기
업사이클링

업사이클링up-cycling은 리사이클링re-cycling보다 흥미로운 개념입니다. 리사이클링은 제품이 용도를 다했을 때 회수돼 다양한 재처리 과정을 거쳐 다시 제품으로 사용되고 활용되는 것을 말합니다. 용도가 다했다고 쓰레기가 돼 삶을 끝내는 것이 아니라 그 제품 또는 비슷한 제품으로 다시 생산돼 삶의 주기를 늘려나가는 일이죠. 단, 이 생애주기는 폐쇄적입니다. 계속 순환될 수는 있지만 닫힌회로에서 운동합니다.

그러나 업사이클링은 여기서 한 단계 더 나아갑니다. 제품이 쓰레기가 되는 상황에서 회수되는 것까지는 같은데, 아예 전혀 다른 용도를 가진 제품으로 다시 태어난다는 점에서 다릅니다. 즉 생애주기의 회로가 폐쇄되지 않고 무한으로 개방되는 겁니다.

예를 들어 음료수병이 쓰레기장으로 모였다가 재사용 또는 재활용되는 과정을 거쳐 다시 음료수병이 되는 것은 리사이클링입니다. 이에 비해 업사이클링은 음료수병이 어떤 학교의 벽을 만드는 재료가 된다거나, 해진 양말들이 모여 필통이 된다거나, 폐현수막을 수거해서 가방을 만든다거나 하는 식으로 제품의 용도가 완전히 바뀌는 것입니다. 전혀 다른 맥락에서 전혀 다른 용도로, 즉 전혀 다른 사물의 삶으로 전환돼 생애주기를 지속하게 하는 일을 일컫습니다. 다시 말하자면 업사이클링은 더는 필요가 없어진 물건이나 자원을 완전히 다른 물건이나 자원으로 사용할 수 있도록 새롭게 해석하고 활용하는 일을 의미합니다. 환경 보존과 개선을 위한 노력의 하나로 폐기물을 재생해내는 수준을 넘어, 새로운 의미와 가치를 획득하면서 사물과 공간의 또 다른 관계망을 조직하는 창의적이고 예술적인 작업이라고 할 수 있습니다.

하지만 중요한 것은 버려진 물건들을 다시 사용한다는 명분을 남용해서는 안 된다는 것입니다. 업사이클 디자인을 하는 과정에서 또는 업사이클 제품이 다시 세상에 등장할 때 불필요한 쓰레기가 생산되거나 지속가능하지 않은 제품들이 양산되어서는 안 된다는 이야기입니다. 단순히 기능적·심미적 차원에서만 접근할 게 아니라 사회와 삶에 미치는 가치와 영향을 고려해서 신중히 접근해야 합니다. 현재 업사이클링 영역에서는 이러한 점들을 충분히 고려하면서 현명하게 극복해나가는 다양한 가치 디자인 콘텐츠가 나타나고 있습니다. 업사이클 디자인은 앞으로 이야기할 거리가 풍성한 주제입니다.

포 트리

자연으로 돌아가는 또 하나의 방법

○   **코르크 마개의 의미 있는 변신**

업사이클 콘텐츠로 먼저 '포 트리Poe Tree'를 소개하려고 합니다. 아이디어도 워낙 좋지만 그 안에 담긴 의미 또한 많은 생각을 하게 하는 흥미로운 콘텐츠이기 때문입니다.

아마 '수목장樹木葬'에 대해 한 번쯤은 들어봤으리라 생각합니다. 고인의 유골을 나무 밑에 묻어 자연으로 회귀하게 하는 장묘 방법을 말합니다. 가뜩이나 땅이 부족한 상황이라 묘지를 늘릴 수가 없기에 사람들은 새로 묘지를 조성하지 않고도 고인의 유골을 매장할 방법을 고안했습니다. 수목장은 문화와 관습에 따라 이미 오래전부터 행해져 온 곳도 있기에 고안이라는 말보다는 재발견이나 적용이 더 맞을 것 같습니다. 화장한 고인의 유골을 정해진 나무 밑에 정성껏 매장하면 다시 흙으로 돌아가는 과정에서 유골은 나무의 성장을 돕는 양분으로 사용됩니다. 그래서 유족들은 해마다 하늘 높이 쑥쑥 자라나는 나무의 푸른 잎과 가지를 보며 고인의 명복을 빌고, 순환하는 대자연의 섭리와 생명의 존귀함을 느끼게 됩니다. 이런 까닭에 점점 많은 사람이 기존의 봉분 매장 대신 수목장을 선택하고 있습니다.

포 트리는 이와 같은 수목장 문화에 업사이클 아이디어를 적용한 콘텐츠입니다. 수목장은 이미 자연 어딘가에 있는, 정부가 고인의 유골을 묻어도 좋다고 허가한 산에 있는 나무에 소정의 절차를 거쳐 매장하는 것입니다. 그러나 포 트리는 화분입니다. 작은 화분에 나무가 심어져 있고, 그 뿌리에 화장한 유골 가루를 묻는 것이죠. 여기까지는 자연에 있는 나무 대신 화분에 심어진 나무로만 대체한 것처럼 보입니다. 그런데 여기서 한 걸음 더 나아갑니다.

화분에 담긴 나무는 앞으로도 점점 더 커나가야 합니다. 하지만 처음에 본 화분은 크기가 작습니다. 나무가 자라기 위해서는 더 많은 토양과 공간이 필요한데, 화분이 작아서 어느 시점이 되면 나무의 성장을 가로막는 장애물이 됩니다. 그래서 프랑스 디자이너 마르고 뤼앙Margaux Ruyant은 화분을 코르크로 만들었습니다. 프랑스 하면 와인이 떠오르는 나라니까 업사이클링에 사용할 코르크 마개가 모자랄 것 같지는 않네요.

와인 병마개로 잘 알려진 코르크는 굴참나무 줄기의 겉껍질을 통째로 사용해서 만듭니다. 포르투갈이 유명한 산지이며, 유연성이 탁월한 자연산 재료입니다. 이 코르크를 이용해서 화분을 만들면 화분을 통째로 땅에 심을 수가 있습니다. 땅에 심어진 화분은 시간이 지나면서 자연스럽게 분해돼 자연으로 돌아가고, 그렇게 흙으로 돌아간 코르크와 함께 유골 가루도 자연으로 돌아가 나무에 소중한

가치를 디자인하라

양분을 나눠주게 됩니다. 폐쇄된 공간이었기 때문에 나무에 좋은 환경을 제공하지 못했던 화분은 이제 나무와 유골을 조용히 품고 있다가 시간이 흐르면서 그들을 자연의 품으로 돌려보내는 일을 묵묵히 수행하게 됩니다.

죽음을 보듬어 안는 삶 ○

여기서 중요한 것은 절차를 거쳐 승인을 받으면 포 트리를 자신의 집 마당이나 정원에 심을 수 있다는 것입니다. 삶과 죽음의 문턱이 조금 더 낮아지면서 사랑했던 사람의 죽음을 우리 삶 속으로 보듬어 안는 일이 가능해진 겁니다. 사랑했던 사람의 흔적을 내 삶의 공간과 멀리 떨어진 곳에서 격식을 갖춰 찾는 것이 아니라, 매일 집을 나서고 들어올 때마다 자연스럽게 느끼고 인사를 건넬 수 있게 된 것이죠. 이런 특별한 시간과 공간을 갖게 됐다는 게 신기하지 않습니까? 비가 오면 오는 대로 바람이 불면 부는 대로, 내 가까운 곳에서 자라고 있는 나무와 함께 먼저 떠난 그를 생각할 수 있으니까요. 이것이 바로 일상의 부드러운 망각 아닐까요?

포 트리는 화분의 성질과 의미를 바꿔준 작은 아이디어에 불과하지만, 이처럼 삶과 죽음에 대한 우리의 생각과 태도에 새로운 가치를 부여한 디자인을 수행해냈습니다. 나무가 코르크로 만들어지고, 그 코르크가 화분으로 만들어져 땅에 묻힌 후 조용히 자연으로 돌아갑

니다. 버려진 코르크가 화분으로 업사이클됐을 뿐 아니라 스스로
자연으로 돌아가 다시 나무를 길러낸다는 순환의 스토리텔링은 그
자체가 의미 있는 가치 디자인입니다.

레타카 백
언니, 누나의 마음으로 만든 멋진 가방

비닐봉지 쓰레기가 근사한 선물로   ⊙

업사이클링과 관련해서 가방 이야기를 하나 더 해야겠습니다. 이번에는 남아프리카입니다. 2009년 영국에서 출범한 '원 영 월드One Young World'는 전 세계적 차원에서 열악한 교육 환경을 개선하고 문화를 꽃피우는 일에 적극적으로 참여하는 용감한 젊은이들을 후원하는 NGO입니다. 이 단체의 행동가 중 한 명인 남아프리카의 타토 카틀란예Thato Kgatlhanye가 마갈리에스버그에서 펼친 프로젝트를 소개하고자 합니다.

카틀란예는 2015년 원 영 월드의 지원을 받아 사회적 기업 성격의 스타트업start-up(혁신적 기술과 아이디어를 보유한 신생 벤처기업)인 레타카

Rethaka를 설립했습니다. 레타카에서는 업사이클링에 기초한 가방을 만들어서 그 가방을 통해 어린 학생들의 교육 환경을 개선하면서 좀더 건강하고 안전한 환경을 만들기 위한 프로젝트를 시작합니다. 앞서 소개한 인도의 두 '책상—가방 프로젝트'에서 영감을 얻은 카틀란예는 현지 조건에 가장 잘 맞는 디자인을 찾아내기로 합니다.

다행히 남아프리카의 교육 환경은 인도의 낙후 지방보다는 조금 나았습니다. 적어도 교실에 책상은 갖춰져 있었으니까요. 하지만 1,100만 명에 이르는 어린 학생들이 뜨거운 태양이 작열하는 머나먼 거리를 걸어서 학교에 다니는데, 이들에겐 변변한 가방 하나 없었습니다. 방과 후 집에서 조용히 공부할 수 있는 여건도 아니었습니다. 아직 전기 공급이 안정적으로 이뤄지지 않아 많은 가정에서 등유 램프를 사용하거나 그 밖에 원시적 방법으로 불을 밝혀야 했습니다. 이로 인해 매년 300만 명가량의 국민이 각종 사고에 무방비로 노출돼 있다는 통계도 나왔습니다. 어린 학생들에게 밝은 미래를 이야기하기는 너무도 힘든 환경이었습니다.

이런 현실을 잘 알고 있는 카틀란예는 상황을 개선할 방법을 찾아내기 위해 애를 썼습니다. 적정기술과 가소성 극대화의 전략 안에서 고민하던 그녀는 어느 날 놀라운 생각을 해냅니다. 그것은 바로 비닐봉지를 활용하자는 것이었습니다. 쓰레기가 돼 여기저기 나뒹구는 비닐봉지들. 가뜩이나 메마르고 거친 풍경을 더 척박하게 하는 하찮은 비닐봉지들이 그녀의 눈에 들어온 것입니다. 그녀는 비닐봉지들을 줍기 시작했습니다. 흰색, 검은색, 빨간색 등 다양한 색깔에 이런저런 문자들이 인쇄된 비닐봉지들을 주워 깨끗이 씻었습니다. 그런 다음 햇볕에 잘 말려 적당한 크기로 잘랐습니다.

 그녀는 원 영 월드의 후원금으로 고열 고압 비닐 압축기를 마련해, 씻어 말린 비닐을 몇 장씩 겹쳐 넣고 압축해 성형을 했습니다. 어느 정도의 무게를 견딜 수 있도록 두꺼워진 비닐봉지들이 예쁜 책가방으로 변신했습니다.

쓰레기로 굴러다니던 비닐봉지가 이토록 멋진 책가방으로 재탄생하게 될 줄은 꿈에도 생각하지 못한 일이었습니다. 그녀는 자신의 후배들에게 다양한 색깔에 앙증맞은 끈까지 달린 맵시 있는 책가방을 선물했습니다. 어린 학생들은 책가방을 메고 먼 등하굣길을 즐거운 마음으로 걸어 다닐 수 있게 됐습니다. 세상에 단 하나밖에 없는 소중한 가방을 메고 말이죠.

○ **빛나게 일궈가는 희망**

그녀는 여기에 또 하나의 비밀스러운 콘텐츠를 담았습니다. 앞에서
살펴본 옐로 프로젝트의 휴대용 솔라 에너지 패널 기억나십니까? 바
로 이 솔라 에너지 패널을 유리병 뚜껑의 형태로 가방에 부착한 것입
니다. 학생들이 가방을 메고 학교를 오가는 동안 햇볕을 받아 에너지
를 저장하게 한 것이죠. 가방에서 솔라 에너지 패널을 꺼내 유리병
안에 넣고 닫으면 LED 전등이 켜집니다. 매일 밤 전기 없는 집에서
학생들이 공부할 때 무려 12시간 동안이나 빛을 낼 수 있습니다.

이처럼 획기적인 카틀란예의 비닐 가방은 원 영 월드의 프로젝트
중에서 가장 성공한 사례로 꼽히고 있습니다. 그녀가 만든 사회적
기업 레타카는 더 많은 후원을 받으며 다수의 직원을 고용하여 계

속해서 멋진 가방을 만들어내고 있습니다.

적정기술과 가소성 극대화 전략을 동시에 수행하는 이러한 프로젝트들은 가치 디자인 작업 중에서도 많은 관심과 호응을 불러일으킵니다. 특히 '우리가 정말 기술을 잘 활용하고 있는 것인가' 라는 철학적 질문을 갖게 하죠. 동시에 이 같은 물음이 관념적 차원에 머무는 것을 경계하기라도 하듯 현실 공간으로 직접 들어가 자신이 할수 있는 일을 치열하게 모색하고 있습니다. 지속가능성에 충실히 대응하면서도 거기에만 머무르지 않고 좀더 유연하고 자유롭게 가소성 극대화 전략을 실천하는 일은 그저 '돈이 없으니 이렇게라도 해야 한다' 는 정도의 소극적인 솔루션을 말하는 것이 아닙니다. 돈이 없을수록 더욱 빛나게 일궈가야 하는 진정한 희망에 대해 이야기하고 있는 것입니다. 이는 단순히 참신한 아이디어를 넘어 삶을 대하는 태도에 대해 다시 한 번 생각하게 해줍니다.

ⓒ Rethaka Foundation • 출처: http://www.rethakafoundation.org/

터치 포 굿

업사이클, 어디까지 해봤나요?

○ **생활 속에서 진화하는 업사이클링 잠재성**

스위스의 마르쿠스 프라이탁Markus Freitag과 다니엘 프라이탁Daniel Freitag 형제가 성공시킨 프라이탁 백Freitag Bag이 또 다른 사례입니다. 프라이탁 형제는 화물 트럭의 방수포를 친환경 업사이클 가방으로 제조해 선진국 중심의 의식 있는 소비문화를 만들어낸 주인공들이죠. 지금은 세계적인 성공을 거둔 사례로 주목받고 있지만, 처음 이들의 생각은 아주 소박했습니다. 업사이클 콘셉트를 거창하게 사용하려는 의도나 상업적으로 크게 성공하겠다는 생각은 하지도 못했죠. 그저 날씨가 좋지 않은 날, 즉 비가 오거나 습기가 많은 날에도 가방 안에 든 물건들이 젖지 않는 튼튼한 가방을 만들어보고자 한 것입니다. 다니엘 프라이탁이 그래픽 디자이너여서 이 같은 용도의 가방에 대한 필요성을 더욱 절실히 인식했는지도 모르겠습니다.

이런 가방을 만들기 위해서는 적절한 소재가 있어야 했기에 재료에 대한 고민이 시작됐습니다. 그러던 중 고속도로를 지나가는 커다란 화물 트럭의 방수포를 우연히 보게 됐습니다. 타폴린이라는 방수천이었는데, 비뿐만 아니라 햇빛과 바람에도 아주 강한 소재입니다. 그래서 고속도로를 달리는 대형 트럭의 가림막으로 많이 쓰이죠. 프라이탁 형제는 이 소재를 활용하기로 했습니다. 손상이 있거나 수명이 다해 버려진 가림막을 수거해서 사용하기로 한 것입니다. 이렇게 제작 방향을 잡은 후에 가방에 필요한 여러 가지 재료와 부속품들도 업사이클링 영역 안에서 찾아냈습니다. 자동차의 안전벨트나 폐자전거의 고무 튜브 등을 활용한 거죠. 비록 업사이클링 소재들을 활용했지만, 그렇게 만들어진 가방은 저마다 고유한 문양과 색깔로 개성과 매력을 한껏 뽐냈습니다.

이 가방은 예상과 달리 가격이 저렴하지는 않습니다. 소량 제작은 아니지만 그렇다고 대량 생산 시스템도 아니기 때문입니다. 백 팩이라 불리는 가방은 가격이 20만 원에서 70만 원에 이릅니다. 트럭에 사용됐던 천막이 매년 평균 200여 톤 가까이 활용되고, 차량용 안전벨트 3만여 개가 소요된다고 합니다. 이렇게 만들어진 가방은 전 세계 350여 개 매장에서 연간 500억 원어치가 팔려나갑니다. 업사이클 콘텐츠로 정말 기막히게 성공을 거둔 셈입니다.

우리나라에도 그에 못지않은 업사이클 기업이 있습니다. '터치 포 굿Touch 4 Good'이라는 사회적 기업입니다. 2008년에 설립돼 해마다 꾸준히 성장을 거듭하고 있습니다. 터치 포 굿의 박미현 대표는 업사이클링에 대한 사회적 인식이 지금보다 미미하던 당시 거리에 넘쳐나는 현수막이 엄청난 양의 쓰레기로 전락하는 데 주목했습니다. 짧은 시간 동안 광고나 홍보물로 사용된 현수막들이 그대로 쓰레기가 되었습니다. 정말 심각한 문제였습니다. 그녀는 디자이너와 함께 버려진 현수막들을 활용해 가방과 필통 등을 만들기 시작했습니다. 터치 포 굿은 폐기되는 현수막과 천 소재에서 벗어나 더욱 많은 재료를 업사이클링 방식으로 활용하기 위해 시야를 넓혀나갔습니다. 아무 생각 없을 때는 그저 무심코 지나쳤던 주변의 모든 사물이 관심을 가지고 대하자 전부 업사이클링 대상으로 보였습니다.

그 과정에서 박미현 대표와 박인희 디자이너는 지하철역에서 많이 쓰이는 스크린 홍보 필름 폐기물을 업사이클링해서 책가방으로 탄생시켰습니다. 컴퓨터 키보드가 버려지는 것에 착안해 키보드 자판 캡을 활용한 문구를 만들었으며, 폐교의 마루에 쓰인 목재를 업사이클링해 방향제 액자를 만들었습니다. 그 밖에도 버려진 양말들을 모아 마우스 손목 패드를 만들었고, 대학과 연구실에서 나오는 이면지를 활용해 접착식 메모지를 만들었으며, 플라스틱 페트병을 마이크로 단위로 잘라서 섬유 원사로 만들어 담요를 짜기도 했습니다. 프라이탁보다 늦게 시작한 데다 아직 세계적으로 성공을 거뒀다고는 할 수 없지만, 가치 디자인 관점에서 보면 누구보다 업사이클의 가치와 의미를 제대로 구현하고 있습니다.

터치 포 굿은 더 다양한 소재를 활용해 참신한 업사이클 제품들을 많이 만들어내기 위해 힘쓰고 있습니다. 또한 판매와 운영 수익금의 일정 부분을 꾸준히 기부함으로써 기업에 부여된 사회적 책임을 다하고자 노력하고 있습니다. 한국 현실에서 10년 동안 기업 활동을 이어간다는 것은 결코 녹록지 않은 일입니다. 그런데 스타트업으로서도 그리고 사회적 기업으로서도 꾸준히 성장을 지속해온 터치 포 굿은 매우 의미 있는 궤적을 보여주었습니다.

이 외에도 터치 포 굿에서 우리가 주시해야 할 부분은 이 회사가 운영하고 있는 세 가지 사업부입니다. 물론 큰 부서들은 아니지만 그래도 사업부마다 나름대로 개성 있고 차별화된 콘셉트를 가지고 업

사이클 산업의 확산과 교육에 집중하고 있습니다.

세 사업부는 도시환경교육센터, 리싱크re-sync 솔루션, 업사이클 디자인 부서입니다. 도시환경교육센터는 청소년을 중심으로 도시 속 환경 이야기를 풀어가면서 그 안에서 업사이클에 대한 교육 프로그램을 기획해 학생들이 체험할 수 있게 하는 일을 합니다. 미래의 주인공들을 위한 투자라고 할 수 있죠. 처음에는 학생들만을 대상으로 했지만 기업이나 기관에서 요청이 오면 그에 맞는 주제와 콘셉트를 가지고 교육을 진행하면서 영역을 넓혀나가고 있습니다. 사업적으로도 안정적인 수익을 창출할 수 있고, 미래 세대에 대한 교육도 가능한 분야이니 잘 디자인된 부서라는 생각이 듭니다.

리싱크 솔루션은 기업이나 기관에서 사용하고 버려지는 것들의 새로운 가치를 찾아 업사이클링할 수 있는 콘텐츠를 개발하고 연구하는 부서입니다. 사실 업사이클 디자이너들에게는 가장 절실하면서도 중요한 부분이죠. 이 부분이 충실하고 탄탄해야 새로운 소재, 참신한 재료, 획기적 공정을 통한 창의적 업사이클 작업이 가능하기 때문입니다. 어느 기업에서 어떤 재료들이 산출되는가, 어디 가면 어떤 재료를 얻을 수 있는가, 어떻게 처리하면 더 좋은 재료로 만들어낼 수 있는가를 아는 것은 더 좋은 업사이클링을 위해 반드시 필요한 일입니다. 터치 포 굿의 디자이너들이 모여 바로 이 부분을 연구하면서 다른 디자이너들과의 네트워크를 통해 지식과 경험을 늘리고 데이터를 만들어가는 것입니다.

끝으로 업사이클 디자인에 관해 연구하는 부서가 있습니다. 이곳에서는 상품으로서의 품질과 기능은 물론 환경에 미치는 영향 등에 대해 고민하며 제품 디자인을 확정합니다. 아무리 의미 있고 명분이 좋다 하더라도 소비자의 요구나 경험과 맞지 않는다면 무용지물이니까요. 처음부터 업사이클 디자이너가 따로 있었던 게 아니기에 터치 포 굿의 디자이너들은 항상 공부하고 연구하는 자세로 업사이클에 접근하고 고민하고 있습니다.

비교적 짧은 기간이지만 이와 같은 노력이 축적돼 업사이클에 대한 대중의 인식이 점점 확산되고 있고, 그 의미에 대해서도 많은 사람이 공감하고 있다는 것을 주목해야 합니다. 서울시에서도 현재 업사이클 전문 기관인 '서울새활용플라자'라는 기관을 설립하고 전용 건물을 짓고 있습니다.

서울시의 위탁을 받은 서울디자인재단에서 그 일을 맡아 운영하고 있습니다. 목표대로 한국의 업사이클과 관련한 디자이너들과 스타트업, 기업들이 함께 모이는 플랫폼으로 자리매김한다면 업사이클

산업의 중추적인 역할을 담당하게 될 것입니다. 서울 성동구 용답동에 세워진다고 하니 완공되면 방문해보는 것도 좋을 듯합니다.

업사이클 콘텐츠는 지속가능성이나 적정기술 콘텐츠와 자주 만나게 되는 가치 디자인 작업입니다. 주류 자본과 기술에 비해 좀더 혁신적이고 창의적인 사유를 통해 새로운 가치를 지향하면서 사물과 존재의 관계망에 주목하는 공통점을 갖고 있기 때문입니다. 이 세 영역에 속하는 가치 디자인 작업의 성공 사례를 접할 때면 우리가 가진 창의적 사고와 혁신적 실천이라는 것이 얼마나 무궁무진하고 한계가 없는지를 새삼 느끼게 됩니다.

포 트리가 바로 그런 사례입니다. 재료를 디자인하는 발상에도 박수를 보내지만, 문화적 상상력과 가치를 고민하는 일이 가치 디자인 작업에서 얼마나 중요한지를 너무도 잘 보여주는 콘텐츠입니다. 수목장이라고 하는 장례 문화와 삶과 죽음을 대하는 태도로부터 중요한 혁신의 아이디어를 찾아내고, 그것을 화분장이라는 업사이클 디자인으로 구현해낸 것은 정말 탁월한 것이었습니다.

업사이클 디자이너가 절대 간과해서는 안 되는 것이 있습니다. 단순히 윤리적 소비와 지속가능성의 가치를 존중한다는 이유로 실용적이지도 않고 조형적으로도 뛰어나지 않은 제품이나 디자인을 소비자들에게 억지로 구매하게 하는 것입니다. 아이디어의 참신함이 업사이클 디자인으로 온전히 구현돼 제품의 효능과 디자인의 우수성으로까지 연결돼야만 그 가치가 제대로 살아날 수 있다는 얘기입니다.

이와 같이 가치 디자인의 기본자세가 당당하게 구축된 상태에서 지역의 특수성을 파악하고, 지속가능성과 적정기술이 함께 작동할 때 사회적 영향력 또한 커질 수 있습니다. 레타카의 청년 대표인 카틀란예가 보여준 실천이 바로 그것이라고 생각합니다. 카틀란예는 자기 삶의 터전에서 당당하게 가치를 찾고, 그것을 지역 주민들과 함께 실천함으로써 성공을 거뒀습니다. 그 과정에서 업사이클 디자인이 다른 가치들을 억누른 게 아니라 최적화된 솔루션을 찾아내는 데 적절하게 활용됐습니다. 적은 수이긴 하지만 지역사회를 위해 일자리를 창출했다는 점 또한 매우 중요합니다. 태양 전등의 경우처럼 레타카 가방은 현지에서 태어나고 자란 청년들이 자신의 공동체를 위해 고민하던 것을 행동으로 옮겼다는 점에 방점이 찍힙니다. 그녀가 만든 것은 괜찮은 아이디어의 업사이클 가방만이 아니라 지역의 커뮤니티 디자인이었고, 지역의 문화와 미래를 다시 만드는 가치 디자인 작업이었습니다. 참신한 아이디어가 삶을 만났을 때, 그 작업이 비로소 진정한 가치 디자인으로 완성된다는 것을 보여준 겁니다.

가치 디자인 작업이 먼 나라에서만 일어나야 할 이유는 없겠죠? 비단 윤리 의식이 높은 선진국에서 세련된 사회적 실천의 하나로 또는 제3세계의 특수한 상황에 솔루션을 제공하기 위한 캠페인의 하나로 이런 콘텐츠가 만들어지는 것은 아닙니다. 지금 우리가 발 딛고 있는 현실의 제반 문제에 대해 솔루션을 찾고자 하는 노력만 있다면, 가치 디자인은 어느 곳에서든지 실천될 수 있습니다. 그래서 저는 우리나라에서 의미 있는 성장을 계속하고 있는 한 젊은 업사이클 기업을 찾아봤습니다.

업사이클이 무엇인지 아직 제대로 인식조차 되어 있지 않은 한국에서 두 명의 청년 기업가가 힘들지만 의미 있는 실천을 해오고 있습니다. 다양한 업사이클 제품을 기획·제작함은 물론이고, 그것의 가치를 공유하고 교육하는 사업에까지 영역을 넓히며 기업의 성장을 이끌고 있습니다. 또한 열심히 활동하고 있는 다른 업사이클 디자이너들과 네트워크를 구축하면서 서울시의 업사이클 관련 정책 수립과 관련 기관 설립에도 적지 않게 기여하고 있습니다.

위에서 밑으로 내려보내 강제하거나 지속가능성을 고민하지 않는 관 주도의 모델이 아니라 민간에서 먼저 실천한 가치 디자인 작업을 공적 기관이 열심히 벤치마킹하고 협력하면서 그 규모와 내용을 성장시키고 있습니다. 이는 대단히 의미 있는 변화라고 할 수 있습니다. 그 변화가 한국의 젊은 창업가들에게서 시작됐다는 것이 뿌듯하고 감격스럽습니다. 이런 시도가 제대로 시너지를 발휘해 좋은 열매를 맺게 되길 희망합니다. 정부 시스템과 공공사업 프로그램에도 업사이클링이 반드시 필요하니까요.

value

CHAPTER 8

design

호모 루덴스의 또 다른 지평
기능성 게임

게임을 한다고 하면 대부분 기존의 오락성 게임을 제일 먼저 떠올립니다. 그런 게임은 일정한 목표의 달성과 성취를 향한 강력한 욕망이 우리를 끌고 갑니다. 어쩌면 이러한 욕망을 중심에 두는 형식이 인류의 오랜 생활 패턴이자 심리적 기저라고도 말할 수 있을 겁니다. '호모 루덴스Homo Ludens(놀이하는 인간)'라는 말에서도 알 수 있듯이 인간은 놀이라는 행동 패턴과 양식에 근원적으로 얽혀 있으니까요. 놀이에는 기본적으로 경쟁과 성취라는 메커니즘이 들어 있으며, 그것이 게임의 시스템에 그대로 녹아 있습니다.

게이미피케이션은 이 시스템의 또 다른 이름입니다. 그 안에서는 목표 달성을 향한 도전의식, 성취를 향한 욕망, 자기과시 또는 자기실현 등 다양한 심리적 기제가 작동하고 있습니다. 특히 요즘 게임처럼 다수의 사람이 같은 게임에 참여하면서 경쟁하고 협력하는 시스템에서는 사회적 관계 안에서 자신의 위상을 높이기 위한 욕구와 일정한 공명심이 일어나며 더욱 복잡한 심리적 메커니즘을 작동시킵니다. 이러한 폐쇄적 관계 안에서는 욕망의 내면적 구조화가 문제가 되기도 하고, 지나친 승부욕과 성취에 대한 열망 등이 집착과 강박을 일으키기도 합니다. 게임의 이런 메커니즘은 여기서 발산되는 에너지를 사회적 의미로 만들어내기보다는 개인적 차원에서 성취와 희열과 강박으로 모이게 합니다.

여기 조금 다른 게임이 있습니다. '기능성 게임' 또는 '시리어스 게임serious game'입니다. 다양한 게임 형식을 활용해 교육 · 과학 · 의료 · 국방 등의 콘텐츠를 쉽고 재미있게 배울 수 있도록 고안한 게임을 말합니다. 폭력적이고 중독성 강한 게임과 비교해 '좋은 게임' 또는 '착한 게임'이라고도 부릅니다. 기존 오락성 게임이 사용자를 가상의 세계에 몰두시켜 역기능을 유발했다면, 기능성 게임은 문제 해결이 중심이 돼 게임을 할수록 현실의 지혜를 습관화할 수 있는 게임입니다. 이 게임은 오락적인 요소와 흥미는 다른 게임과 동일하게 가지고 있지만, 게임의 에너지가 개인적 차원에서 폐쇄되지는 않습니다.

기능성 게임은 다양한 교육적 효과를 촉발하는 과정에서 기존 게임의 동기를 적절히 활용하고 있고, 심리적 치유 또는 반응에 기반을 둔 콘텐츠를 만들어내는 성과를 올리고 있습니다. 즉 게임의 사회적 가치가 높게 평가되면서 그 의미가 사회적 · 문화적으로 확산되는 쪽에 강조점이 주어져 있죠. 강박적 재미를 추구하기보다 놀이하는 즐거움을 주고, 동기부여도 적지 않지만 명확한 사회적 기능과 의미가 함께 생산되며, 현실적인 문제를 게임을 통해 해결하는 역할을 합니다.

'모티베이션motivation' 은 동기 또는 게임 동기라는 말입니다. 어원상으로는 '움직이게 하다', '끌어올리다' 라는 뜻을 가지고 있습니다. 게임 이론에서 이 말은 어떤 목표를 향해 자발적으로 움직이도록 자극하면서 에너지를 끌어내는 과정을 가리킵니다. 주로 어떤 요인이 우리에게 근본적으로 동기를 불러일으키는지, 또는 어떤 과정에 따라 우리가 목표 달성으로 이끌려지는지에 대한 논의가 현재 활발하게 전개되고 있습니다. 이러한 동기들을 사회적 가치를 구현하는 데 적극적으로 활용하는 것이 기능성 게임의 중요한 특성이 됩니다.

피그 체이스
이것이 동물 복지 선진국의 클래스

다시 생각해보는 동물 복지 ◎

요즘 다시 동물 복지 문제에 대한 생각이 확산되고 있습니다. 이런 생각은 크게 몇 갈래로 나뉩니다. 첫째 반려동물과의 관계 설정 문제, 둘째 반려동물의 유기에 따른 문제, 셋째 식용을 목적으로 한 동물의 집단 사육 문제, 넷째 오랜 문화적·사회적·지리적 차이로 인해 발생하는 식용 동물로 인한 갈등과 대립 문제 등입니다. 이 밖에도 동물 복지의 범위가 넓어지면서 생각해야 할 문제들이 점점 많아지고 있습니다. 이제는 많은 사람이 동물의 건강이 곧 인간의 건강이라는 등식에 깊은 관심을 보이고 있습니다.

반려동물과의 올바른 관계가 아직 정립되지 않은 상황에서 매일같이 식탁 위에 풍성하게 올라오는 '고기'를 먹고 처리하는 과정을 어떻게 이해하고 대처하는 게 좋을지 혼란스럽습니다. 다양한 사안에서 인간의 이기심 때문에 어처구니없는 일들이 벌어지곤 하지만, 이런 상황 자체가 처음 겪는 일들이기에 어떻게 하는 게 적절한 대응인지조차 알기 어렵습니다. 문화라는 것이 얼마나 많은 시간이 흐르면서 만들어지고 정착되며 진화하는 것인지 진지하게 성찰하게 해줍니다. 무심코 지나쳐버리는 우리의 무관심 속에서 우리에게 생명과 에너지를 제공해주는 소중한 동물들의 기본적 존엄이 훼손되고 있다면, 그 무모함과 뻔뻔함이 결과적으로 우리의 삶을 심각하게 위협하게 된다는 것을 이제야 조금씩 인식하는 듯합니다.

많은 반향을 일으켰던 캠페인을 하나 소개하겠습니다. 수많은 사람이 오가는 독일 뮌헨 시내 거리의 한 귀퉁이에 처음 보는 자판기가 나타났습니다. 커피가 나오는 것도, 음료수나 초콜릿 바가 나오는 것도 아닙니다. 달걀이 나오는 자판기입니다. 물론 달걀을 판매하는 자판기가 나오지 말라는 법은 없습니다. 간식으로 좋은 삶은 달걀이 나오는 자판기도 있을 수 있지요. 그런데 그곳을 지나던 사람들은 적지 않은 충격을 받았습니다. 살아 있는 닭들이 좁은 자판기 안 칸막이에서 옴짝달싹 못 한 채 두 눈만 굴리며 세상을 물끄러미 바라보고 있었기 때문입니다. 이것은 양계장의 참혹한 현실을 보여주려는 한 동물보호단체의 캠페인이었습니다. 이 충격적인 현장을 목격한 많은 사람은 새삼 동물 복지에 대해 새로운 인식을 갖게 됐습니다.

사실 많은 시민단체가 이처럼 동물 복지에 대한 의식을 환기시키기 위해 의미 있고 용기 있는 활동을 전개합니다. 하지만 지금 소개할 콘텐츠는 이런 활동과는 조금 다른 느낌의 것입니다.

네덜란드의 위트레흐트대학교 학생들이 만든 기능성 게임입니다. 일반적으로 오락성 게임들은 현실과 단절된 가상의 무대에서 성취욕구를 자극하고, 다양한 스토리텔링과 장치를 사용해 우리의 감각과 집중력을 강박적인 스코어와 승부에 집착하도록 만듭니다. 기능성 게임에도 일정한 목표치를 향해 나아가는 동기부여 요인이 있는 것은 사실입니다. 그렇지만 현실과의 단절이 비교적 약한 환경에서 이뤄지고, 성취하고자 하는 목표가 추상적 스코어와 가상적 아이템 획득이 아니라 좀더 구체적인 가치 실현에 있다는 점에서 차이를 보입니다. 그래서 기능성 게임에 대한 참신한 접근이 이뤄지고 목표의 성취가 공공적 이익 및 건강한 가치 실현과 잘 결합한다면 일반적인 게임보다 훨씬 재미있고 흥미로운 체험이 가능해집니다. 가치 디자인을 실현할 수 있는 가장 신나는 방법이 되는 셈이죠.

돼지와 함께 벌이는 게임 한 판

위트레흐트대학교 학생들은 기능성 게임의 콘셉트를 동물 복지와 결합했습니다. 네덜란드에서는 동물들을 우리 안에만 가두어놓고 사육하는 것이 불법이라고 합니다. 의무적으로 하루에 일정 시간 동안 어울려 놀아주거나 자유롭게 풀어주거나 하는 방식으로 키워야 한다는군요. 정부 차원에서 동물 복지에 많은 신경을 쓰고 있는 것이죠. 이 같은 독보적인 사회 문화 환경에 부응하듯 가축들과 함께 놀 수 있는 기능성 게임 피그 체이스를 개발한 겁니다.

피그 체이스는 돼지들과 놀 수 있는 게임입니다. 돼지우리 한쪽 벽이 커다란 스크린입니다. 스크린 안에는 카메라가 설치돼 있어 돼지들의 움직임을 실시간으로 전송해줍니다. 사용자가 모바일 기기에서 게임을 시작하면 돼지들과 단순한 패턴 모양의 아이콘을 움직여가면서 게임을 할 수 있습니다. 모바일 기기 스크린을 손가락으로 스크리닝하면서 아이콘을 움직일 수 있습니다. 그 움직임이 돼지우리 벽에 있는 스크린에 연동되고, 돼지들은 움직이는 아이콘들을 입으로 쫓아가며 함께 게임을 합니다.

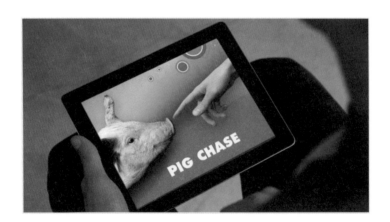

가치를 디자인하라

스크린 뒤에 있는 카메라가 돼지들이 아이콘을 쫓아다니는 움직임을 실시간으로 전송해주기에 가능한 게임입니다. 사용자가 돼지의 움직임을 찬찬히 살펴면서 아이콘으로 그들을 잘 유도해야 하는 게임입니다. 유도를 잘해서 돼지가 아이콘을 코로 찍게 되면 게임은 성공이고 스코어가 올라갑니다. 돼지와의 멋진 협업을 축하하는 것이죠.

하나의 문화 콘텐츠라는 것이 창조적 역량을 제대로 꽃피웠을 때 성공하는 것이 맞지만, 이처럼 유연한 사고와 열린 태도가 가능한 환경에서는 그에 걸맞은 차별화된 문화 콘텐츠가 생산될 수 있겠다는 생각을 하게 됩니다. 가치를 디자인하는 우리의 영감과 창조적 직관이 계속해서 진화하고 더 세련되게 다듬어지기 위해서는 사회 문화적 환경이 그에 맞게 움직여줘야 합니다. 또한 그런 환경에서 다시 출중한 콘텐츠가 생산되는 선순환 구조를 만들어가야 합니다. 그저 돈 많

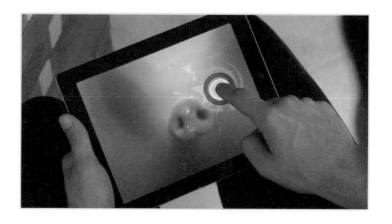

고 걱정 없는 나라에서나 볼 수 있는 희한한 콘텐츠라고 깎아내릴 이유는 없을 겁니다. 동물 복지에 대한 관심이 어느 때보다 높은 이때, 그리고 어떤 사회보다도 역동적인 한국 사회라면, 이 게임이 주는 자극과 흥분은 매우 생산적이지 않을 수 없습니다. 어떠세요? 우리의 지평을 또 한 번 넓혀주고 있지 않나요?

시 히어로 퀘스트
포기하지 않는 당신을 위한 우리의 항해

질병을 진단하는 데 절실한 비교 데이터　○

치매 또는 알츠하이머라고 불리는 질병처럼 우리를 안타깝게 하는 병도 없습니다. 세계적으로 고령화가 급속하게 진행되면서 현재 치매 환자가 무려 4,500만 명에 이른다고 합니다. 2050년이 되면 1억 3,500만 명에 달하는 사람이 치매를 앓게 된다는군요. 의사와 과학자들이 이 질병을 극복하기 위해 노력하고 있지만, 진단 자체가 쉽지 않기 때문에 치료 시기를 놓치는 경우가 많아 제때 치료하지 못하는 경우가 대부분입니다.

지금까지의 의료 기술로는 치매처럼 보이는 여러 증상이 정말 질병에 의한 뇌 기능 저하인지 아니면 노화에 의해 진행되는 뇌 기능 저하인지를 파악하기 어렵습니다. 정확한 진단을 위해서는 치매 진단을 받으러 온 환자들의 데이터가 많이 누적돼야 하죠. 동시에 건강한 사람들의 평소 인지 활동과 판단력 수준을 파악할 수 있는 데이터를 넉넉히 가지고 있으면서, 이를 치매 환자들과 비교하며 진단에 활용할 수 있어야 합니다. 하지만 현실적으로 이런 작업이 쉽지 않습니다. 의사가 하루 동안 환자를 만나고 검사하는 횟수가 정해져 있는 데다 병원과 병원 사이의 협업과 자료 공유라는 게 한 계가 있기 때문입니다. 또한 같은 상황을 두고 건강한 사람과 치매 환자 사이의 차이를 알려면 건강한 사람들에 대한 데이터가 많아야 한다는 점도 문제입니다. 건강한 사람들이 굳이 시간을 내서 치매 검사를 받으려고 하지는 않으니까요. 몇 가지 검사에 대한 것만이라도 정확한 비교 자료가 존재한다면 훨씬 도움이 될 텐데 말입니다.

이와 같은 상황에서 독일 국영통신회사인 도이치텔레콤Deutsche Telekom이 기발한 CSR 프로젝트를 시작했습니다. 게임도 개발하고 디자인도 하는 회사인 글리처스Glitchers, 런던칼리지, 이스트앵글리아대학교 의료진과 함께 치매 진단에 도움을 줄 수 있는 데이터 제공 프로젝트를 실천한 겁니다. 그 방법은 바로 기능성 게임 '시 히어로 퀘스트Sea Hero Quest'를 통해서였습니다.

치매 환자들에게 가장 많이 발생하는 초기 증상은 방향 감각과 나를 중심으로 하는 좌표 공간에 대한 인지 능력 저하라고 합니다. 한 번 갔던 장소를 다시 찾아가기 어려운 것은 그 장소가 기억이 나지

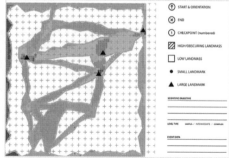

않기 때문이라고도 할 수 있지만, 다른 말로 하자면 지금 내가 있는 곳에서 다른 곳으로 가기 위해 반드시 작동돼야만 하는 방향 감각이 정상적으로 작동하지 않기 때문이라고도 할 수 있습니다. 지금 내가 어디에 있는지, 그다음에는 어디로 가야 하는지, 어느 방향으로 내 몸을 움직여야 하는지에 대한 판단이 쉽지 않다는 이야기입니다. 시 히어로 퀘스트는 이러한 방향 감각을 게임으로 풀어내면서 그 결과물을 의미 있는 자료로 바꿔놓고자 했습니다.

나의 게임 데이터가 치매 환자에게 도움을

시 히어로 퀘스트의 스토리텔링은 제목에서도 느껴지듯이 목적지를 향해 항해를 떠나는 것입니다. 게임 이용자는 자신의 아버지가 탐험가로서 이미 지나왔던 곳을 찾아 배를 타고 바다를 가로질러 그 길을 가야만 합니다. 이미 구성에서도 기억에 관한 뉘앙스가 느껴지고, 뭔가를 찾아간다는 점에서 공간과 방향에 대한 생각이 떠오를 것입니다. 치매 치료와 관련이 있는 콘텐츠라는 차원에서 매우 잘 짜인 구성이며 세심한 접근이라고 생각됩니다.

게임에서는 다섯 단계의 미션이 주어집니다. 그 미션을 다 헤쳐나가야 비로소 원하는 목적지에 도달할 수 있습니다. 자신이 배의 선장이 되어서 말입니다. 수많은 장애물과 어려움을 극복하고 미션을 수행해야 하는데요. 사람들이 이 게임을 내려받아 즐기는 순간순간의 모든 정보가 의학적 데이터로 축적됩니다. 운항 과정의 미세한 움직임과 방향 전환, 우발적 상황에 대한 공간 판단력과 대처 능력, 그리고 배의 방향 조정 능력과 반응 속도 등이 모두 의료진의 데이터베이스에 실시간으로 축적됩니다. 정상인들과의 비교를 위해서 치매 환자들도 똑같은 게임을 하고 그 데이터 역시 전부 저장됩니다.

가치를 디자인하라

의료진에게는 게임의 미션 수행 공간을 한눈에 들여다볼 수 있는 지도가 제공되며 언제든 실시간으로 볼 수 있습니다. 수많은 사람이 어느 공간, 어떤 상황에서 어떻게 방향을 전환하고 장애물을 피하는가에 대한 데이터를 갖게 되죠. 그리고 이것을 치매 환자들의 데이터와 비교하면서 이러한 움직임, 이러한 방향 전환의 상황에서 일어나는 증상 중 어떤 것이 질병에 의한 것인지, 어떤 것이 정상적인 노화에 의한 것인지를 좀더 정확히 분석할 수 있게 됩니다. 크라우드소싱이 갖는 힘을 제대로 활용하는 콘텐츠인 거죠.

10만 명이 하루에 2분씩 이 게임에 참여한다고 할 때, 그것을 기존의 검사 방식과 비교하면 무려 50년 동안 모아온 자료와 맞먹습니다. 크라우드소싱 기반의 기능성 게임이 얼마나 엄청난 힘을 가지는지 새삼 놀라게 됩니다.

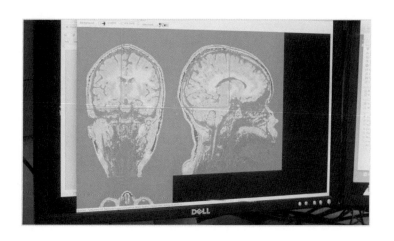

기능성 게임은 구성 자체가 일반적인 게임과 다르기 때문에 재미가 없으리라고 생각하는 사람들이 많은데, 그렇지 않습니다. 시 히어로 퀘스트 역시 재미 면에서 뒤지지 않는 게임입니다. 게이미피케이션이라는 개념으로 접근하더라도, 오락성 게임과는 다른 방향에서 게이미피케이션 장치들을 실행하기 때문에 상상력이 자극되고 동기부여 욕구를 충족할 수 있습니다. 잘 디자인된 융합 콘텐츠 덕분에 전 세계적인 차원에서 게임을 즐기는 수많은 사람이 인류를 위해 이처럼 가치 있는 일을 할 수 있게 된 것입니다. 설령 그것이 유치하고 순간적인 즐거움에 그치더라도 매우 소중한 경험으로 남을 것입니다. 단순히 사람들로부터 정보를 얻어서 돈벌이를 하는 빅데이터 기반 비즈니스와 똑같은 메커니즘인데도 말입니다.

ⓒ Deutsche Telekom • 출처: https://www.youtube.com/watch?v=mc3jORxvjm4

이스폰테인 기능성 게임
스토리텔링의 힘을 보여드리죠

게임이 들려주는 이야기를 주목하라

기능성 게임의 속성 가운데 우리가 특별히 주목하는 것은 강한 스토리텔링입니다. 그렇다고 다른 게임에서 스토리텔링이 중요하지 않다는 이야기는 아닙니다. 모든 게임에서 스토리텔링은 대단히 중요한 부분입니다. 간단한 보드게임에서부터 온라인상으로 여러 사람이 함께 참여하는 MMORPG 같은 게임에 이르기까지 가장 기본이 되는 것이 스토리텔링의 구조적 완결성이니까요. 여기에 더해 흥미로운 캐릭터들, 그들과 함께 유기적으로 작동하는 소품 및 아이템들도 게임의 성공 여부를 좌우하는 중요한 요소입니다.

게임의 구성 요소 중 스토리텔링 구조를 효과적으로 활용하면서

나름의 목적을 달성하고 있는 콘텐츠를 살펴보고자 합니다. 일부
러 이런 게임들을 찾아냈다기보다는 기능성 게임 자체가 이런 특
성을 가지고 있기 때문이라고 할 수 있습니다. 기능성 게임은 일
정한 공공의 목적, 교육적 효과, 지식의 확산 등 제작 의도를 명
확히 가지고 있습니다. 그러므로 사용자들이 게임을 즐기면서 이
러한 목적과 의도에 부합하기 위해서는 자신이 부여받은 역할을
탄탄한 스토리텔링 안에서 지속적으로 전개해나가는 것이 중요
합니다.

기능성 게임이 우리나라에서는 아직 널리 인기를 끌고 있지 못하지
만, 유럽의 게임 시장에서는 오락성 게임들과 당당하게 어깨를 나
란히 하고 있습니다. 특히 네덜란드의 게임 시장은 기능성 게임이
40퍼센트가 넘는 점유율을 보일 정도로 튼튼한 기반을 가지고 있습
니다. 그래서 사람들의 이목이 자연스럽게 기능성 게임으로 모이곤
합니다.

가치를 디자인하라

그중에서도 이스폰테인jisfontein이라는 게임회사의 콘텐츠에 관해 이야기를 나눠 보려고 합니다. 이스폰테인은 1998년부터 암스테르담에 자리를 잡고 지금까지 주목할 만한 기능성 게임들을 생산해왔습니다. 기능성 게임에 토대를 둔 다양한 미디어 콘텐츠도 만들고 있습니다. 게임뿐만 아니라 인터랙션 액티비티interaction activity 콘텐츠와 참신한 앱도 많이 제작하는 회사입니다. 몇 가지 콘텐츠를 한꺼번에 소개하겠습니다.

시티 링크 ○

먼저 '시티 링크City Link'입니다. 이 게임은 네덜란드의 유무선 통신사인 KPN이 의뢰해서 만들어졌습니다. 직원들이 고객을 타성에 젖은 태도로 대하지 않고 언제나 긴밀히 소통하면서 새로운 관계를 만들어가는 것을 목표로 하는 게임입니다. 사용자인 KPN 직원들이 가상 고객들의 질문을 받고 그에 대응하는 것이 기본 스토리텔링 구조입니다. 직원들은 가상 고객들과 진지한 서비스 활동을 이어가야 합니다. 고객들의 만족도, 그들과 형성한 관계에 근거해 점수를 얻게 됩니다. 고객들에게 곧바로 합리적인 솔루션을 제시했거나 오랜 시간 신뢰를 쌓을 수 있는 관계를 만들어갔을 때 점수가 차곡차곡 쌓입니다. 게임을 통해 직원들을 교육하고 서비스의 질을 높이려는 것입니다.

여기서 재미있는 것은 사용자인 직원 혼자 고객을 응대하는 상황만 설계돼 있는 것이 아니라 자신의 동료와 상사를 초대해 고객을 위한 솔루션을 함께 만들어가는 상황도 있다는 것입니다. 정해진 여건과 한계 안에서 다양한 고객의 요구를 직원 한 사람이 전부 알아서 대응한다는 것은 결코 쉽지 않은 일이기 때문입니다.

구체적으로 들여다보면 때로는 계약서를 수정하는 일도 생길 것이고, 때로는 장비를 수리하기 위해 출장을 가는 일도 생길 것이며, 때로는 항의와 비난 속에 머리 숙여 사과하는 일도 생길 것입니다. 당장은 명쾌한 해법이 나오지 않더라도, 미래의 고객을 위해 좀더 나은 서비스를 구상하는 데 필요한 소중한 데이터가 하나둘씩 쌓입니다. 이 게임은 단순히 직원 교육을 조금 색다르게 한다거나, 이러한 활동의 결과를 인사고과에 반영하겠다는 식의 접근으로 직원들에게 스트레스를 주겠다는 의도가 아닙니다. 고객과 더 좋은 관계를 유지하면서 더 나은 서비스를 만들어보겠다는 의도에서 개발된

게임입니다. 새로운 가치를 지향한다는 의미에서 좋은 가치 디자인
이라 할 수 있습니다.

오프 에이겐 크라프트　　　　　　　　　　　　　　　　　　　○

인터랙션과 스토리텔링을 비슷하게 활용한 콘텐츠가 많이 있는데,
'오프 에이겐 크라프트Op eigen Kracht' 라는 기능성 게임도 그중 하나입
니다. '당신 스스로의 강점을 사용하라' 라는 뜻을 지닌 이 콘텐츠는
자신감을 잃고 불평을 쏟아놓는 환자들이 좀더 독립적인 사람으로
변화할 수 있도록 사용자들이 잘 유도하고 좋은 관계를 만들어가는
게임입니다.

교육용 콘텐츠로는 '하우 칩!How Cheap!'이라는 게임이 흥미롭습니다. 네덜란드 국영방송국인 NTR과 함께 만든 이 기능성 게임은 현재 세계화라는 거대한 구조 안에서 매우 값싸게 만들지고 있는 의류의 생산 과정을 어린이들이 좀더 자세히 들여다보게 하는 내용입니다. 가격이 싼 물건들을 자유롭게 살 수 있다는 현실이 그렇게 즐거운 것만은 아니라는 사실을 느끼고 윤리적 성찰을 할 수 있도록 유도하는 스토리텔링으로 설계되었습니다.

어린이들은 옷을 만드는 노동자들의 근로 환경과 생산품 가격 간의 상관관계를 유심히 관찰하면서 옷 만드는 게임에 참여하도록 유도됩니다. 생산품의 가격을 낮춰서 싼 옷을 대량으로 만드는 것이 우선일지, 근로 환경을 개선해서 노동자들의 인권과 복지를 증진시키는 것이 우선일지에 대한 쉽지 않은 물음에 직면하게 하는 게임입니다.

이 게임은 NTR이 제작하는 시리즈물인 '드 살베르니지 주니어De Slavernij Junior(어린 노예들)'라는 프로그램과 연동됩니다. TV 프로그램의 실제 공간과 등장인물들이 게임 공간으로 들어오면서 자연스럽게 세계와의 관계망을 형성하며 게임에 참여하는 것이죠. 어린이들은 열악한 제3세계 국가들의 노동 환경을 바꾸는 과정을 통해, 그리고 이 과정이 결코 쉽지 않다는 것을 경험하면서 우리가 무심코 구입한 값싼 물건이 곧 다른 나라의 힘겹고 고달픈 삶의 모습이라는 사실을 배우게 됩니다. 많은 생각을 하게 하는 신선한 가치 디자인 콘텐츠입니다.

캔 유 픽스 잇?

'캔 유 픽스 잇?Can you fix it?'이라는 기능성 게임도 주목할 만합니다. '이것을 바로잡을 수 있겠니?'라는 이름의 네덜란드의 AIDS 관련 단체가 의뢰해 제작한 이 콘텐츠는 청소년들의 성생활을 주제로 합니다. 성 문제에서 후회하지 않을 선택을 유도하기 위해 기획·제작된 것이죠. 12세부터 18세까지의 네덜란드 청소년들에게 실제 연애 및 성생활과 관련해 정말 일어날 수도 있는 상황을 제시하고 스스로 판단할 수 있게 제안합니다. 그 과정에서 잘못된 행동을 했을 때는 다시 생각하고 수정할 수 있도록 행동을 유도하는 스토리텔링 기반 게임입니다.

게임 화면에서는 청소년들이 겪을 수 있는 난처하면서도 갑갑한 한계 상황이 연출됩니다. 출연 배우들의 속마음은 내레이션과 자막으로 전달됩니다. 단계별로 선택을 하게 되어 있고, 게임 참여자들은 '바로잡기Fix it' 버튼을 눌러 상황에 적절히 판단하고 대응하며 나아가야 합니다. 이런 과정을 통해 자신의 건강한 삶과 원만한 인간관계를 위해서는 어떤 선택을 해야 하는지 학습하게 되죠.

이 게임은 출시되자마자 폭발적인 호응을 얻었고, 다양한 매체와 기관으로부터 상을 받으면서 공헌도를 인정받았습니다. 이 콘텐츠의 힘은 매우 사실적이고 현실감 있는 스토리텔링과 에피소드의 유기적 구성에 있습니다. 청소년들의 섬세하고 충동적인 심리에 대한 차분한 분석을 토대로 스토리와 에피소드를 만들었고, 상황에 따른 적절한 질문들이 효과적으로 배치되어 있습니다. 기능성 게임이 사회 문제를 해결하는 데 효과적으로 대응하고, 솔루션까지 내놓을 수 있는 가치 디자인임을 입증해준 사례입니다.

마지막으로 '키스 콤마Kees Komma'라는 콘텐츠를 소개합니다. 네덜란드 공공도서관협회가 고객이자 파트너인 이 게임은 책을 읽기 어려워하거나 흥미가 없는 어린이들에게 책 읽는 습관을 유도하고, 독서가 즐거운 체험이라는 것을 공유할 수 있게 한 게임입니다. 바로 퍼즐을 풀면서 말이죠. 퍼즐을 풀기 위해 어린이들은 계속해서 잘 듣고 잘 읽어야 합니다. 그래야만 문제를 풀고 퍼즐을 맞힐 수 있으니까요. 8세부터 10세까지의 어린 학생들을 주 사용자로 하는 이 게임은 인터넷 게임이기 때문에 장소에 구애받지 않고 학교와 집은 물론 공공도서관에서도 게임을 이어갈 수 있습니다. 스마트폰으로도 사용할 수 있도록 설계돼 있기 때문에 여행을 하거나 이동하는 중에도 언제든 게임을 할 수 있습니다. 혼자서는 정말 힘들게 접근할 수밖에 없는 독서 행위가 게임을 통해 자연스럽게 습관화된다면, 정말 고마운 일 아닌가요?

ⓒ Ijsfontein • 출처: https://www.ijsfontein.nl/

시리어스 게임, 즉 기능성 게임이 갖는 미덕 중 하나는 게임의 승패 또는 순위에 집착하게 하는 강박 메커니즘이 없다는 것입니다. 바로 이 부분에서 기능성 게임의 차별성과 장점들이 나오는 것 같습니다. 이 책에서 기능성 게임을 다룬 것은 가치 디자인적인 관점에서 다양하고 확장된 영역을 보여줄 수 있는 잠재성이 풍부하기 때문입니다. 또한 기존의 게임들이 동기와 몰입과 집중의 심리를 이용해 사행 심리를 조장하면서도 아무런 죄의식을 갖지 않는 데 대해 경종을 울리고, 이를 극복할 수 있는 대안을 제시하기 때문이기도 합니다.

피그 체이스를 통해 우리는 놀이하는 존재로서 노는 문제에 대해 진지하게 고민할 수 있었습니다. 기능성 게임은 우리가 가진 놀이 본성을 강박 상태에서 벗어나 좀더 자유롭게 풀어놓는 역할을 합니다. 놀이라는 것이 꼭 그렇게 사람을 옴짝달싹 못 하게 하는 집착과 강박으로 이어질 필요는 없는 것이죠. 이는 말초적 신경을 자극하는 것 외에도 우리를 놀이하는 즐거움으로 데려갈 수 있는 장치들이 얼마든지 있다는 것을 보여줍니다. 이 기능성 게임의 목적이 동물 복지 문제를 환기시키는 것만은 아닙니다. 그것은 자연스럽게 따라오는 가치일 수 있습니다. 중요한 것은 우리는 누구와 어떻게 놀든 간에 그만큼의 즐거움을 향유할 수 있고, 그것은 강박과 집착의 굴레와는 다르다는 사실입니다.

시 히어로 퀘스트는 놀이에 대한 성찰과 상상력을 근간으로 하고, 크라우드소싱의 속성을 적극적으로 활용하는 기능성 게임이 얼마나 다양한 영역을 개척해나갈 수 있는지를 가늠하게 해줍니다. 요즘 우리는 엄청나게 쏟아지는 데이터를 빅데이터 차원에서 이해하고, 경제·정치·사회 등 다양한 영역과 콘텐츠에서 활용하고자 노력하고 있습니다. 또한 거기에서 유의미한 결과를 얻기 위해 수많은 모색을 하곤 합니다. 이 같은 모색과 노력이 하나의 콘텐츠로 기획·제작·사용되는 전체 경로에 대한 좋은 예를 기능성 게임이 보여주고 있습니다. 기획에서부터 활용과 유통, 지속가능한 순환에까지 철저하게 준비하며 실천한 모든 과정은 우리에게 많은 것을 시사합니다. 그중 하나는 기능성 게임으로도 멋진 가치 디자인을 구현할 수 있다는 것을 증명해준 것입니다. 또 하나는 영리 목적으로 만들어지지 않았음에도 충분히 기업의 이윤을 추구하면서 가치를 실현할 가능성이 실험된 독보적인 콘텐츠라는 점입니다.

네덜란드의 기능성 게임 회사인 이스폰테인을 눈여겨봐야 합니다. 물론 네덜란드의 발달한 게임 산업과 성숙한 사회적 합의, 선진적인 시스템도 별개로 생각할 수는 없습니다. 아무리 혁신적인 기능성 게임을 기획하고 제작한다 하더라도 그것을 구입하고 활용하는 고객들이 없다면 지속가능한 회사를 운영한다는 건 어려운 일일 테니까요. 이스폰테인의 고객들이 매우 다양하다는 점도 흥미롭습니다. 방송국, 시민단체, 일반 회사 등 고객이 폭넓게 포진해 있습니다. 이들의 다채로운 필요와 요구를 충족시키기 위해 흥미로운 주제를 찾아 접근하고, 섬세한 스토리텔링을 구성해 적용하고 있지요. 그럼으로써 그들의 기대에 부응하면서 점차 진화하는 형태로 기능성 게임을 기획 제작하고 있다는 것은 매우 고무적인 현상입니다. 이러한 네덜란드의 상황은 앞에서 살펴본 놀이에 대한 근본적인 개념에서 출발합니다. 즉 사회적 분위기와 문화적 환경이 더 폭넓은 놀이 문화를 지향하고, 강박적 재미가 아닌 커뮤니케이션 형태로서 놀이의 기쁨을 공유하려는 태도를 가지고 있다고 봐야 합니다.

이미 게임은 대중문화의 한 축을 담당하고 있고, 최근 들어 새롭고 참신한 게임 콘텐츠가 활발하게 나타나고 있습니다. 이를 보면 이제 우리도 기능성 게임에 관심을 가질 때가 된 것 같습니다. 가치 디자인 작업에서나 놀이와 게임 문화에서나 새로운 발걸음을 힘차게 내딛기 위해서 말입니다.

가치를 디자인하는 일은
미래를 꾸려나가는 일이니까요

지금까지 혁신적인 가치 디자인 작업을 다양하게 살펴보았습니다. 새로운 시대를 어떤 태도로 바라봐야 하며, 어떤 문제를 발견해야 하고, 그 문제를 해결하는 것이 어떤 가치가 있는 것인지를 치열하게 고민한 흔적들을 되짚어본 것입니다. 가치 디자인은 학제적 개념을 만드는 일에 우선순위를 두는 말이 아니라 우리 스스로 삶과 세계의 모습을 의미 있게 만들어가는 모든 일을 가리키는 말입니다. 그러므로 그 주체는 우리 자신이 될 수밖에 없습니다.

이미 현실이 된 미래 속에서 구체적으로 가치 디자인을 실천하는 삶을 살고자 할 때, 우리는 다음 두 가지 질문을 마주해야만 합니다.

첫 번째 질문은 이것입니다. 인간과 기술이 어떻게 평화롭게 공존하면서 건강한 사회적 합의를 끌어내고 더 나은 세계를 만들어갈 것인가? 그리고 그 과정에서 가치 디자인은 어떤 역할을 할 것인가?

4차 산업혁명 시대에 대해 다들 이야기하고 있지만, 정작 그것이 어떤 시대가 될지는 누구도 단언하지 못합니다. 막연히 ICT 융합 시스템이 우리 실생활에 정교하게 자리 잡고, 현재의 디지털 문화 환경을 다시 한 번 뒤흔들 것이며, 그에 따라 사회 모든 분야가 새롭게 재편될 것이라고 어렴풋이 예측만 할 뿐입니다. 이러한 시스템이 자리 잡기까지는 상당한 시간이 필요합니다. 중요한 것은 인간과 기술의 관계를 이분법적으로 생각하지 않고, 인간과 기술이 어떤 가치를 지향해야 하는가를 끊임없이 묻고 고민해야 한다는 점입니다.

따라서 4차 산업혁명 시대의 가치 디자인은 원하든 원하지 않든 간에 일정 부분 철학적 작업을 수행하면서 구체적인 작업을 해나가야 할 것입니다. 앞서 살펴본 크라우드소싱, 지속가능한 콘텐츠, 그린 어반 디자인 콘텐츠 등은 ICT 융합 시스템이 만들어가는 사용자 맞춤형 생산과 소비, 에너지 절약형 또는 대체에너지 환경과 맞물려 새로운 문제를 발견하고 해결하는 책임을 맡게 될 것입니다. 그리고 인공지능과 관련한 기기와 시스템은 전혀 다른 조건에서 인간과 의식과 행위를 다시 정의하게 할 것입니다. 이 과정에서 가치 디자인은 건강한 사회적 합의를 어떻게 만들어낼 수 있을 것인가에 대한 치열한 물음을 던지면서 구체적인 삶의 현장으로 들어가 적절한 전장을 형성하고 대안을 만들어내야 하겠지요.

영국 작가 올더스 헉슬리Aldous Huxley는 1932년에 출간한 소설《멋진 신세계 *Brave New World*》에서 600년 후의 세계, 즉 2540년의 세계를 그려냅니다. 소설 속에서는 누구도 불행하지 않습니다. 인간은 공장에서 제품처럼 생산되어 실험용 병 속에서 자라납니다. 굶주림이나 실업, 가난, 질병, 전쟁 같은 것이 없습니다. 고독이나 절망, 불안 따위도 존재하지 않습니다. 모든 것이 청결하고 위생적이며, 수명이 길어지고 늙어도 표가 나지 않습니다. 곳곳에 즐거움과 행복이 넘쳐나고, 모든 것을 자유롭게 소비할 수 있으며, 누구와도 섹스를 나눌 수 있습니다. 유사 이래 모든 인류가 바라고 꿈꾸던 유토피아가 실현된 것 같습니다.

그런데 이것이 인간이 그토록 원하던 세상일까요? 이것이 과연 멋진 신세계일까요? 작가가 예견하는 미래는 고도로 발달한 과학기술을 남용하고 지나치게 의존함으로써 그것에 의해 인간성이 상실되고 파괴되는 끔찍한 세상일 뿐입니다. 이는 결코 우리가 바라고 꿈꾸는 멋진 신세계가 아닙니다.

작가가 상상했던 소설 속 세계 중 상당 부분이 오늘날 이미 실현됐거나 완성 단계에 이르러 있습니다. 작가는 이 작품을 통해 무슨 말을 하고 싶었던 걸까요? 그는 인간의 상상력과 예술적 직관에서 대안을 찾고 있는 듯 보입니다. 과학기술의 비정상적 발달과 과잉으로 인한 비극을 막을 수 있는 처방이 문학과 예술에 있다는 겁니다. 그러나 저는 '가치 디자인'에서 대안을 찾고 싶습니다. 인간을 중심에 놓고 인간에 주목하는 가운데 인문학과 과학기술이 창조와 융합을 통해 상생의 길을 찾음으로써, 즉 우리 삶의 모든 영역에서 진정한 가치 디자인을 실천함으로써 참다운 멋진 신세계가 도래할 수 있다고 믿는 겁니다.

두 번째 질문은 이것입니다. 과학기술의 발달로 인간의 수명이 늘어남에 따라 전 세계가 빠른 속도로 고령화 사회에 진입하게 될 텐데, 가치 디자인은 이에 어떻게 대응하고 어떤 역할을 해야 하는가? 우리는 대부분 고령화 사회에 대해 부정적인 생각을 가지고 있습니다. '늙음'과 '쇠퇴'에 대한 무의식적 반감이 작용하는 거겠지요. 빈약해지는 복지 시스템과 일자리를 둘러싼 사회적 갈등 같은 여러 상황을 고려해보면 이런 인식이 쉽사리 방향을 바꾸기는 어려울 것으로 보입니다. 그러나 고령화 사회는 우리가 어떻게 대응하느냐에 따라 축복이 될 수 있습니다. 또한 새로운 삶의 패턴을 실험하면서 또 다른 가능성을 찾아낼 기회가 될 수도 있습니다.

고령화 사회는 그저 사람이 오래 사는 사회라는 것만을 뜻하지 않습니다. 생각보다 많은 것이 달라지기에 사회 자체가 그 변화를 따라야 합니다. 우리에게 익숙한 경제·사회·문화·복지 시스템은 인간이 60세 정도에 사망하는 것을 기준으로 구축돼 있습니다. 현재 인류가 당황하고 갈팡질팡하는 것도 이 때문입니다. 시스템을 전면적으로 수리해야 하는데, 인류 초유의 장수 사태를 맞아 방향성을 어떻게 설정해야 할지 알 수가 없으니까요.

하지만 고령화를 다른 관점으로 볼 수도 있습니다. 오래 살면서 자기 삶의 가치를 더 높일 수 있다고 생각하는 것 말이지요. 지금까지 우리는 몰아치듯 생업에 종사하면서 직업에 대한 건강한 가치를 찾아내지 못했습니다. 자본주의 체제가 우리 삶을 물질적 가치만을 선으로 둔 시스템으로 몰아간 겁니다. 한마디로, '죽도록 일하고, 일에서 벗어나자마자 죽는' 삶이었던 거죠. 이제 인류는 수명이 놀랍게 늘어나면서 '시간' 을 이전보다 더 풍부하게 소유하게 되었습니다. 이는 새로운 공존 시스템을 준비할 수 있는 자원이 될 수 있습니다. 직업과 노동의 문제가 단순히 생활비와 자녀 교육비를 벌기 위한 생업의 단계에서 벗어나 삶의 가치를 창조하는 일이 될 수 있도록 성찰하는 기회가 되는 것입니다.

그러므로 지금부터는 길어진 수명을 그저 삶을 연명하는 과정으로 보는 것이 아니라 개인이 건강하게 의미를 만들어내며 내면의 균형을 추구하는 과정으로 봐야 합니다. 지금까지 살펴본 가치 디자인 작업에서 배우고 훈련할 것들이 많이 있습니다. 단순히 혁신적 사례나 관심을 끌었던 아이디어들이 아니라 앞으로 가속화되면서 다양하게 펼쳐질 크라우드소싱 환경, 다시 말해 '따로 또 같이' 의 정신과 실천 양식을 참고할 수 있을 것입니다. 지속적인 혁신으로 사물과 존재의 관계망을 넓히고 새로 잇는 커뮤니케이션 디자인 콘텐츠는 미래의 직업들을 그려보고 준비하는 데 많은 아이디어를 제공합니다. 그 밖의 주제들 역시 기획과 실천, 피드백의 전 과정이 수직보다는 수평의 관계, 나 중심보다는 함께하는 공감의 관계, 형식보다는 내실 있는 관계를 기반으로 만들어진 것입니다. 이것들은 다가올 고령화 사회를 살아가는 데 필수적인 덕목이기도 합니다. 가치 디자인이 미래의 디자인이자 삶의 디자인인 이유가 바로 여기에 있습니다.

세 차례나 퓰리처상을 받은 저명한 언론인 겸 작가이자 국제 분야 전문가인 토머스 프리드먼Thomas L. Friedman은 최근에 출간된 책《늦어서 고마워Thank You for Being Late》에서 이런 의미심장한 이야기를 들려주었습니다.

"아침 9시부터 저녁 5시까지 일하던 옛 시절을 생각하며 슬퍼하지 마십시오. 그 시절은 지나갔고 다시 오지 않을 것입니다. 전환기는 험난할 겁니다. 그러나 나는 이 전환기를 지나고 나면 저편에 더 멋지고 공정한 일터가 기다리고 있을 거라고 확신합니다. 우리가 인공지능처럼 새로운 것들 중 가장 좋은 부분과 아직 변하지 않았고 앞으로도 절대 변하지 않을 것들 중 가장 좋은 부분을 결합하는 법을 배울 수 있다면 말입니다."

다음에는 우리가 직접 상상하고 융합하고 구현해낸 가치 디자인 작업을 소개할 수 있기를 희망합니다. 가치 디자인의 주인은 우리이고, 우리가 바로 가치 디자이너니까요. 서두르지 않고 뚜벅뚜벅, 우보천리의 미덕으로 삶을 디자인하기를.

참고문헌

---

1. 크라우드소싱

- Roy Y. J. Chua; Yannig Roth; Jean-Francois Lemoine(2015), The Impact of Culture on Creativity: How Cultural Tightness and Cultural Distance Affect Global Innovation Crowdsourcing Work, Administrative science quarterly, Vol.60 No.2.
- Chao, C.; Daqing, Z.; Bin, G.; Xiaojuan, M.; Gang, P.; Zhaohui, W.(2015), TripPlanner: Personalized Trip Planning Leveraging Heterogeneous Crowdsourced Digital Footprints, IEEE Transactions on Intellgent Transportation System, Vol. 16 No.3.
- Guesmi,S., Open Data, Big Data and Crowdsourcing: Emergent Mobile Apps Business Models (2014) Communications and strategies, Vol. No.96.
- Nakatsu, R.; Grossman, E.(2013), Designing Effective User Interfaces for Crowdsourcing: An Exploratory Study, Lecture Notes in Computer Science, Vo.8016, Heidelberg.
- Marion K. Poetz; Martin Schreier(2012), The Value of Crowdsourcing: Can Users Really Compete with Professionals in Generating New Product Ideas?, Product Innovation Management, Vol.29 No.2.
- Pascal Neis; Dennis Zielstra; Alexander Zipf(2012), The Street Network Evolution of Crowdsourced Maps: OpenStreetMap in Germany 2007–2011, future internet, Vol.4.
- Kaufmann, N.; Schulze, T.; Veit, D., More Than Fun and Money: Worker Motivation in Crowdsourcing – A Study on Mechanical Turk (2011), Proceedings of The Americas Conference on Information Systems, Vol. 17 No.4.
- Bucheler, T; Fuchslin, R M; Pfeifer, R; Sieg, J H (2010), Crowdsourcing, Open Innovation and Collective Intelligence in the scientific method: a research agenda and operational framework, Artificial Life XII-Twelfth International Conference on the Synthesis and Simulation of Living Systems, Odense, Odense(Denmark).
- Osamuyimen Stewart; Juan M. Huerta; Melissa Sader(2009), Designing crowdsourcing community for the enterprise, Proceedings of the ACM SIGKDD Workshop on Human Computation, Paris.
- Daren C. Brabham(2008), Crowdsourcing as a Model for Problem Solving; An   Introduction and

Cases, Convergence - London, Vol.14 No.1.

- Howe.J., The Rise of Crowdsourcing Forget outsourcing: The new source of cheap labor is everyday people using their spare cycles to create content, solve problems (2006), Wired, Vol.14 No.6.

2. 그린 어반 디자인

- Weiqi Zhou; Steward T. A. Pickett; Mary L. Cadenasso(2017), Shifting concepts of urban spatial heterogeneity and their implications for sustainability, Landscape Ecology, Vol.32 No.1.

- Stocco, S.; Canton, M. A.; Correa, E. N.(2015), Design of urban green square in dry areas: Thermal performance and comfort, URBAN FORESTRY AND URBAN GREENING, Amsterdam, Vol.14 No.2.

- Sarkar, C.; Webster, C.; Pryor, M.; Tang, D.; Melbourne, S.; Zhang, X.; Jianzheng(2015), Exploring associations between urban green, street design and walking: Results from the Greater London boroughs, Landscape and urban planning, Amsterdam, Vol.143.

- Shizhu, L.(2010), The Design of Urban Green Space Based on the Landscape Pattern Optimization, PROCEEDINGS OF THE INTERNATIONAL CONFERENCE ON OPTIMIZATION DESIGN, New York.

- Jason Neville; Geoff Coats (2009), Urban Design and Civil Society in New Orleans: Challenges, Opportunities and Strategies in the Post-Flood Design Moment, Urban Design, Vol.14 No.3.

- Fleming, R.L.(2008), Finding the There There: Strategies for Defining the Non-Place with Public Art and Urban Design, Vol.20 No.1.

- Erica Oberndorfer; Jeremy Lundholm; Brad Bass; Reid R. Coffman; Hitesh Doshi; Nigel Dunnett; Stuart Gaffin, Manfred Kohler; Karen K. Y. Liu; Bradley Rowe(2007), Green Roofs as Urban Ecosystems: Ecological Structures, Functions, and Services, Vol.57 No.10.

- Sergio Porta; John Luciano Renne(2005), Linking urban design to sustainability: formal indicators of social urban sustainability field research in Perth, Western Australia, URBAN DESIGN International, Vol.10 No.1.

- Alexander J. Felson; Steward TA Pickett(2005),Designed experiments: new approaches to studying urban ecosystems, Frontiers in Ecology and the Environment, Vol.4 No.3.

- C.Y Jim(2004), Green-space preservation and allocation for sustainable greening of compact cities, Cities, Vol 21 No.4.

- Brian E. Saelens; James F. Sallis; Lawrence D. Frank(2003), Environmental correlates of walking and cycling: Findings from the transportation, urban design, and planning literatures, Annals of Behavioral

Medicine, Vol.25 No.2.

- Robert M. Searns(1995), The evolution of greenways as an adaptive urban landscape form, Landscape and Urban Planning, Vol.33 No.1-3.

3. 지속가능성 콘텐츠

- Johan Orestig; Simon Lindgren(2017), Local Moral Economies: The Space, Place, and Locality of Social Media Mobilisation, Globalizations, Vol.14.
- Kurucz, Elizabeth C. , Colbert, Barry A. , Ludeke-Freund, Florian , Upward, Antony , Willard, Bob (2017), Relational leadership for strategic sustainability: practices and capabilities to advance the design and assessment of sustainable business models, JOURNAL OF CLEANER PRODUCTION, Amsterdam, Vol.140.
- Dogan, C.(2014), Design education for sustainability: a design studio project on the re-contextualisation of the wind-up radio, International Journal of Sustainable Design, Vol.2 No.3.
- Sterling, R. , Admiraal, H. , Bobylev, N. , Parker, H. , Godard, J.-P. , Vahaaho, I. , Rogers, C.D.F. , Shi, X. , Hanamura, T.(2012), Sustainability issues for underground space in urban areas, URBAN DESIGN AND PLANNING, Vol 165 No.4.
- Denison, P.(2011), Design Futuring: Sustainability, Ethics and New Practice, Design Activism: Beautiful Strangeness for a Sustainable World, Journal of design history, Oxford University Press.
- Edward Ng(ed.)(2010),Designing High-Density Cities For Social and Environmental Sustainability, URBAN DESIGN.
- Chan, E. H.; Lee, G. K.(2008), Contribution of urban design to economic sustainability of urban renewal projects in Hong Kong, SUSTAINABLE DEVELOPMENT, Vol.16 No.6.
- HARMONY Planning Services Pvt Ltd.(2014),Urban Sustainability Residence Design, Mogri,ARCHITECTURE AND DESIGN,New Delhi, Vol.31 No.3.
- Walker, S.; Dorsa, E.(2001), Making design work - Sustainability, Product Design and Social Equity, JOURNAL OF SUSTAINABLE PRODUCT DESIGN, KLUWER ACADEMIC PUBLISHERS.
- Walker, S.(2000), How the Other Half Lives: Product Design, Sustainability and the Human Spirit, DESIGN ISSUES, Vol.16 No.1.

4. 적정기술 콘텐츠

- Jeffrey James(2014), Is there a Renewed Role for Appropriate Technology in the New Global Innovation System?, International Development, Vol.28 No.8.
- Corinthias P. M. Sianipar; Gatot Yudoko; Akbar Adhiutama; Kiyoshi Dowaki(2013), Community Empowerment through Appropriate Technology: Sustaining the Sustainable Development, Vol.17.
- Corinthias P. M. Sianipar; Gatot Yudoko; Akbar Adhiutama; Kiyoshi Dowaki(2013), Seven Pillars of Survivability: Appropriate Technology with a Human Face,European Journal of Sustainable Development, Vol.2.
- Raphael Kaplinsky(2011), Schuma cher meets Schumpeter: Appropriate technology below the radar,Research Policy, Vol.40 No.2.
- Salwa Elsanousi; Samira Abdelrahman; Ibtisam Elshiekh; Magda Elhadi; Ahmed Mohamadani; Ali Habour; Somaia E. ElAmin; Ahmed Elnoury; Elhadi A. Ahmed; Paul R. Hunter(2009), A study of the use and impacts of LifeStrawTM in a settlement camp in southern Gezira, Sudan, Wate and Health, Vol.7 No.3.
- Wicklein, R. C.(1998), Designing for Appropriate Technology in Developing Countries, Technology in Society, Vol.20 No.3.
- Mason, K.(1997), Energy Efficiency in Small-Scale Brick Making: Experience of the Intermediate Technology Group (ITDG) in Zimbabwe, Science, technology & development, Vol.15 No.1.
- Kaplinsky, R.(1990), The economies of small: appropriate technology in a changing world, The economies of small: appropriate technology in a changing world, London.
- Pierre-Andre Julien; Christian Lafrance(1983), Towards the formalization of 'small is beautiful' : Societal effectiveness versus economic efficiency, Futures, Vol.15 No.3.
- Peter Thormann(1979), Proposal for a Programme on Appropriate Technology prepared by the United States Agency for International Development, Appropriate Technologies for Third World Development.

5. 커뮤니케이션 디자인

- Thompson, W.T.; Steier, F.; Ostrenko, W.(2014), Designing Communication Process for the Design of an Idea Zone at a Science Center, Journal of applied communication research, Vol.42 No.2.

- Zheng, Y.(2014), The Historical Evolution Research of Information Interaction Design, Lecture Notes in Computer Science.
- Jun Hu; Joep Frens; Mathias Funk; Feng Wang; Yu Zhang(2014), Design for Social Interaction in Public Spaces, International Conference on Cross-Cultural Design.
- Pignataro, J.(2008), Information Visualization: Design for Interaction, Information Visualization, Vol.7 No.2.
- Kortbek, K.J.(2008), Interaction Design for Public Spaces, ACM Multimedia – international conference, Vol.16 No.2.
- Ronald J. MacDonald(2008), Professional Development for Information Communication Technology Integration Identifying and Supporting a Community of Practice through Design-Based Research, Research on Technology in Education, Vol.40.
- Eli Blevis(2007), Sustainable interaction design: invention & disposal, renewal & reuse, CHI '07 Proceedings of the SIGCHI Conference on Human Factors in Computing Systems
- Obayelu A. Elijah; Ogunlade, I.(2006), Analysis of the uses of information and communication technology for gender empowerment and sustainable poverty alleviation in Nigeria, Education and Development using ICT, Vol.2 No.3.
- Dimitrios Buhalis(2005), Information Communication Technology Revolutionizing Tourism, Tourism Recreation Research, Vol.30.
- Pehlivanides, G.(2005), Exploring Cultural Information Interaction Design: A Case Study of a Multimedia Exhibition Based on Customizable User Interfaces, Lecture Notes in Computer Science.
- Badica, M.(2004), Detecting and developing a new kind of talent: teaching animation as communication design in Denmark, Enhancing Curricula, London, Vol.2.
- Sarah Spiekermann; Corina Paraschiv(2002), Motivating Human–Agent Interaction: Transferring Insights from Behavioral Marketing to Interface Design, Electronic Commerce Research, Vol.2.
- Stone, R.(2001), Learning and the Importance of Interactivity Information Design becomes Interaction Design, IEEE International Conference on Information Visualization Vol.5.

6. CSR 콘텐츠

- Charlotte M. Karam; Dima Jamali(2017),A Cross-Cultural and Feminist Perspective on CSR in Developing Countries: Uncovering Latent Power Dynamics, Journal of Business Ethics, Vol.142, No.3.

- Mark S. Schwartz and Archie B. Carroll(2015), Corporate Social Responsibility: A Three-Domain Approach, BUSINESS ETHICS QUARTERLY, Vol.13, No.4.

- Planken, B.; Nickerson, C.; Sahu, S.(2013), CSR across the globe: Dutch and Indian consumers' responses to CSR, INTERNATIONAL JOURNAL OF ORGANIZATIONAL ANALYSIS, Vol.21, No.3.

- Baumann-Pauly, D.; Wickert, C.; Spence, L. J.; & Scherer, A. G.(2013), Organizing corporate social responsibility in small and large firms: Size matters, Journal of Business Ethics, Vol.115, No.4.

- Abagail McWilliams; Donald Siegel(2011), Corporate social responsibility: A theory of the firm perspective, The Academy of Management Review, Vol.269.

- Jamali, D.; Zanhour, M.; & Keshishian, T.(2009), Peculiar strengths and relational attributes of SMEs in the context of CSR, Journal of Business Ethics, Vol.87, No.3.

- Lindgreen, A.; Swaen, V.; Johnston, W.(2009), The Supporting Function of Marketing in Corporate Social Responsibility, Corporate Reputation Review, Vol.12, No.2.

- D, Hillier, D.(2007), Marketing and corporate social responsibility within food stores, British food journal, Vol.109.

- Shaw, H.(2006), CSR in the Community: Redefining the Social Role of the Supermarket Giants, SOCIAL RESPONSIBILITY JOURNAL, Pontypridd, Vol.2, No.2.

- Thomas Teal(1996), Not a fool, not a saint, Fortune, Vol.134, No.9.

- Steven L. Wartick;Philip L. Cochran(1985), The Evolution of the Corporate Social Performance Model, ACAD MANAGE REV.

7. 업사이클링

- Feng, J.; Gong, J.; Wen, X.; Tian, N.; Chen, X.; Mijowska, E.; Tang, T.(2014), Upcycle waste plastics to magnetic carbon materials for dye adsorption from polluted water, RSC Advances, Vol.4, No.51.

- Cerruti, P.; Fedi, F.; Avolio, R.; Gentile, G.; Carfagna, C.; Persico, P.; Errico, M. E.; Malinconico, M.; Avella, M.(2014), Up-cycling end-of-use materials: Highly filled thermoplastic composites obtained by loading waste carbon fiber composite into fluidified recycled polystyrene Polymer composites, Vol.35.

- Kim, Y.S.(2013), Up-Cycling Trend Analysis in Fashion Industries , Advanced Materials Research, Vol.796.

- W, McDonough(2013); Michael Braungart, The Upcycle: Beyond Sustainability and Designing for

Abundance, North Point Press.

- Narelle Yabuka(2012), Up-Cycle!, Gingko Press.
- Pol, V.G.(2010), Upcycling: Converting Waste Plastics into Paramagnetic, Conducting, Solid, Pure Carbon Microspheres A solvent-free, environmentally benign, autogenic process for upcycling waste plastic into value-added pure carbon microspheres is demonstrated, Environmental science & technology, Vol.44, No.12.

8. 가능성 게임

- Gotz Ulrich; Kocher Mela; Bauer Rene; Muller Cornelius; Meilick Bruno. (2015), Challenges for Serious Game Design: Designing the Game-Based Neurocognitive Research Software ``Hotel Plastisse'', Lecture Notes in Computer Science, Rome, Vol.2016, No.9599.
- Hauge, J. M. Baalsrud; Lim, T.; Louchart, S.; Stanescu, I. A.; Ma, M.; Marsh, T.(2015), Game Mechanics Supporting Pervasive Learning and Experience in Games, Serious Games, and Interactive & Social Media, Lecture Notes in Computer Science, Trondheim, Norway.
- Valeria Manera; Pierre-David Petit; Alexandre Derreumaux; Ivan Orvieto; Matteo Romagnoli; Graham Lyttle; Renaud David; Philippe H. Robert(2015), 'Kitchen and cooking,' a serious game for mild cognitive impairment and Alzheimer's disease: a pilot study, Front Aging Neurosci.
- Jiang, R.; Shi, M.Y.(2014), New Trend of Serious Game: Video Game for Cognitive Capability Training of the Aged, Applied Mechanics and Materials, Vol. 556-562, No.7.
- Taconis, Ruurd; Dubois, Mariette; de Putter, Lesley; van Bergen, Henry (2014), Simultaneously Developing a Serious Game and Its Classroom Use for Fostering Conceptual Understanding of Electrical Circuits: The Effect of the Game `E&E Electrical Endeavours' on Secondary Students Conceptual Understanding of Electrical Circuits, Communication in Computer and Information Science, Barcelona.
- Ypsilanti, A.; Vivas, A. B.; Raisanen, T.; Viitala, M.; Ijas, T.; Ropes, D.(2014), Are serious video games something more than a game? A review on the effectiveness of serious games to facilitate intergenerational learning, Education and Information Technologies, Vol.19, No.3.
- Hertel, N.T.; Vedel, K.; Rohde, L.; Olesen, J.B.(2013), Serious Disease - Serious Game, Studies in Health Technology and Informatics, vol.192, No.2.
- Konert, J.; Gobel, S.; Steinmetz, R.(2012), Towards a Social Game Interaction Taxonomy: A Social

Gaming Approach towards Peer Knowledge Sharing and Participation in Serious Games, Lecture Notes in Computer Science, No.7516.

- Charsky, D.(2010), From Edutainment to Serious Games: A Change in the Use of Game Characteristics , Games ans Culture, Vol.5, No.2.
- Linehan, C.; Lawson, S.; Doughty, M.; Kirman, B.(2009), There's no `I' in `Emergency Management Team' : Designing and evaluating a serious game for training emergency managers in group decision making skills, International Gaming and Research Yearbook, Leeds, Vol.18.
- Frank L. Greitzer; Olga Anna Kuchar; Kristy Huston(2007), Cognitive science implications for enhancing training effectiveness in a serious gaming context, Journal on Educational Resources in Computing (JERIC), ,NY, USA, Volume 7, No.2.

페이퍼 래프

- ICT
- 솔루션
- 네트워크
- 하이데거
- 비전 인식 프로그램

CHAPTER 2 그린 어반 디자인

- 에코 디자인(Eco Design)
- 도시 디자인(Urban design)
- 지속가능한 디자인(Sustainable Design)

그래스 버스

- 마르코 카스트로 코시오(Marco Castro Cosio)
- 마드리드
- 뉴욕
- 그린 랜드스케이프(Landscape)
- 개량토
- 솔 카펫
- 복사열

디지털 구름

- 산호세(San Jose)
- 이클라우드(e-cloud)
- 픽셀
- 인스톨레이션(Installation)
- OHP(Overhead Projector Panel)
- 유목성
- 니콜라우스 하퍼마스(Nikolaus Hafemass)
- 에런 코블린(Aaron Koblin)
- 댄 구즈(Dan Goods)
- 인포메이션 아트(Information Art)
- 메타포(metaphor)

환경 지킴이 조명

- 더 리빙(The Living)
- 프로토타입
- 35번 부두 에코 파크 리버 글로(Pier 35 Eco Park River Glow)
- 허드슨강
- Ph 농도
- 솔라 패널
- 캠페인
- 서울 타워
- 마이크로그램
- 프로젝션 매핑(projection mapping)

드론 라이트 페인팅

- 드론
- 쿼드콥터(Quadcopter)
- 프라임 에어
- 키덜트(Kidult)
- 아르스 일렉트로니카(Ars Electronica)
- 퓨처랩(Future Lab)
- 스카이 퍼포먼스
- 라이트 페인팅
- 스파셀(Spaxel)
- 비비드 시드니(Vivid Sidney)
- CSR
- 마이크로애드(MicroAD)
- 미디어 아트

괄호 치기 프로젝트

- 기호
- 시민의식
- 프로젝트팀 라우드(LOUD: Look Over Our Society, Upgrade Daily Life)
- 어반 라이프 커뮤니케이션 디자인

본 연구는 과학기술정보통신부 및 정보통신기술진흥센터의
ICT 명품인재양성사업의 연구결과로 수행되었음.(IITP-2017-R0346-16-1007)

가치를 디자인하라

제1판 1쇄 발행 | 2017년 11월 28일
제1판 2쇄 발행 | 2020년 2월 27일

지은이 | 김진택
펴낸이 | 한경준
펴낸곳 | 한국경제신문 한경BP
책임편집 | 이혜영
교정교열 | 공순례
저작권 | 백상아
홍보 | 서은실 · 이여진
마케팅 | 배한일 · 김규형
디자인 | 지소영

주소 | 서울특별시 중구 청파로 463
기획출판팀 | 02-3604-553~6
영업마케팅팀 | 02-3604-595, 583   FAX | 02-3604-599
H | http://bp.hankyung.com   E | bp@hankyung.com
F | www.facebook.com/hankyungbp
등록 | 제 2-315(1967. 5. 15)

ISBN 978-89-475-4273-9 03320